BÖRJANDE CHEFSGUIDE
EN OMFATTANDE FÄRDPLAN TILL EFFEKTIVT LEDARSKAP

Innehållsförteckning

Introduktion 1
En chefs roll: Navigera i labyrinten av ansvarsområden 3
Övergång till ledning: Navigera över skiftet från peer till ledare ... 5
Kärnledningsfärdigheter: Byggstenarna för effektivt ledarskap 8
Rekrytering och rekrytering: Bygg ditt drömteam 11
Introduktion av nya medarbetare: Sätta scenen för framgång 14
Bygga teamdynamik: Främja samarbete, förtroende och framgång 17
Mångfald och inkludering: omfamna skillnader, främja innovation och bygga en bättre framtid 20
Utbildning och utveckling: Investera i ditt teams tillväxt och framgång 24
Prestandahantering: Maximera potentialen, driva resultat och främja tillväxt 27
Motivation och engagemang: Att tända passion, främja engagemang och driva framgång 30
Ledarskapsstilar: Navigera vägen till framgång 33
Emotionell intelligens: nyckeln till effektivt ledarskap och personlig tillväxt 36
Delegering: Bemyndiga andra, maximera effektiviteten och uppnå framgång 39
Tidshantering: Bemästra konsten att produktivitet, balans och framgång 42
Hantera förändring: Navigera i transformationens vindar med motståndskraft och anpassningsförmåga 45
Hantera svåra samtal: Navigera i utmaningar med empati, tydlighet och respekt 48
Konfliktlösning: Förvandla utmaningar till möjligheter till tillväxt och samarbete 51
Krishantering: Navigera i turbulenta vatten med motståndskraft och strategi 54

Skapa en produktiv arbetsmiljö: odla kultur, samarbete och välbefinnande 57
Processförbättring: Förbättring av effektivitet, kvalitet och innovation 60
Målsättning och spårning: Navigera mot framgång med tydlighet och ansvarstagande 63
Strategisk planering: Kartlägga kursen för framgång med vision och syfte 66
Beslutsfattande: Navigera i komplexitet med tydlighet och självförtroende 69
Innovation och kreativitet: Släpp loss kraften i fantasi och uppfinningsrikedom 72
Nätverk: Bygga förbindelser för framgång och tillväxt 75
Intressenthantering: Bygga relationer för framgång och hållbarhet 78
Tvärfunktionellt samarbete: Främja enhet för kollektiv framgång 81
Kontinuerligt lärande: Omfamna tillväxt för personlig och professionell utveckling 84
Balans mellan arbete och liv: Vårda harmoni i en upptagen värld 87
Att reflektera och förbättra: Vägen till personlig och professionell tillväxt 90
Slutsats 93

Upphovsrättsmeddelande

Alla rättigheter förbehållna. Ingen del av denna bok får reproduceras, distribueras eller överföras i någon form eller på något sätt, inklusive fotokopiering, inspelning eller andra elektroniska eller mekaniska metoder, utan föregående skriftligt tillstånd från utgivaren, förutom vad som är tillåtet enligt upphovsrättslagen.

Introduktion

Välkommen till ledningens värld – en spännande resa fylld av utmaningar, möjligheter och potential för djupgående påverkan. Oavsett om du nyligen har blivit befordrad till en chefsposition eller om du funderar på att kliva in i den här rollen, är den här guiden utformad för att vara din pålitliga följeslagare, och erbjuder en omfattande färdplan som hjälper dig att navigera i ledarskapets komplexitet med självförtroende och kompetens.

I dagens dynamiska och snabba affärsmiljö är rollen som chef mer avgörande än någonsin. Chefer är inte bara arbetsledare; de är visionärer, coacher och katalysatorer för förändring. De är ansvariga för att vägleda team mot gemensamma mål, främja en kultur av samarbete och innovation och i slutändan driva framgång i organisationen.

Men att kliva in i en chefsroll kan vara skrämmande. Många nya chefer står inför en brant inlärningskurva och brottas med okända utmaningar och ansvarsområden. Att övergå från att vara en kamrat till att leda ett team kräver en förändring i tankesätt och färdigheter. Det kräver inte bara en djup förståelse för ledningens krångligheter utan också förmågan att inspirera, motivera och stärka andra.

Den här guiden är utformad för att hjälpa dig att göra den övergången smidigt och effektivt. Oavsett om du leder ett team på två eller tjugo, om du är ansvarig för ett litet projekt eller en hel avdelning, kommer principerna och strategierna som beskrivs här att vara ovärderliga för att hjälpa dig att lyckas som chef.

I de följande kapitlen kommer vi att täcka ett brett spektrum av ämnen som är viktiga för nybörjarchefer, från att förstå de grundläggande principerna för management till att finslipa dina ledarskapsförmåga, bygga och utveckla ditt team, navigera i utmaningar, förbättra produktiviteten och främja strategiskt tänkande. Varje kapitel är fyllt med praktiska tips, verkliga exempel och praktiska råd hämtade från den senaste forskningen och bästa praxis inom managementområdet.

Men mer än bara en vägledning, är den här boken också en inbjudan att ge dig ut på en resa av personlig och professionell tillväxt. Att bli en bra chef handlar inte bara om att bemästra en uppsättning färdigheter; det handlar om att odla tänkesättet och vanorna hos en livslångt lärande, ständigt sträva efter att förbättra och utvecklas som svar på nya utmaningar och möjligheter.

Så oavsett om du börjar på din första chefsroll eller försöker förbättra dina befintliga ledarskapsförmåga, inbjuder jag dig att dyka in, utforska och upptäcka den transformativa kraften i effektiv ledning. Din resa börjar här.

En chefs roll: Navigera i labyrinten av ansvarsområden

Okej, så du har fått en chefsroll. grattis! Men håll i dig, för du är på väg att ge dig ut på en vild åktur fylld med vändningar, svängar och mer ansvar än du kan skaka en pinne åt. Så, vad exakt innebär det att vara chef? Spänn fast dig, min vän, för vi är på väg att dyka djupt in i labyrinten av chefsansvar.

Först till kvarn, låt oss prata om helheten. Som chef är du inte bara ytterligare en kugge i maskinen; det är du som styr skeppet. Japp, det stämmer – du är kapten nu. Ditt jobb är att kartlägga kursen, bestämma riktningen och se till att alla ombord ror i samma riktning. Låter som en stor order, va? Jo, det är det, men oroa dig inte, vi delar upp den i lagom stora bitar.

En av de viktigaste sakerna du kommer att göra som chef är att sätta upp mål och mål. Tänk på det som att rita en kurs på en karta. Vart vill du gå? Vad vill du uppnå? Det här är frågorna du behöver svara på. När du har fått dina mål på plats är det dags att samla trupperna och få alla ombord. Kommunikation är nyckeln här, min vän. Du måste se till att alla vet vad som förväntas av dem och hur deras roll passar in i helheten.

Men att sätta upp mål är bara början. Som chef är du också ansvarig för att se till att dessa mål faktiskt uppnås. Det betyder att du måste hålla ett öga på framsteg, spåra prestanda och kurskorrigera när det behövs. Det är som att vara tränare för ett idrottslag – du måste hålla koll på bollen och se till att alla spelar sitt bästa spel.

Att hantera handlar förstås inte bara om att sätta upp mål och att knäcka piskan. Det handlar också om att stötta ditt team och hjälpa dem att växa och utvecklas. Det innebär att ge feedback, coachning och mentorskap. Se dig själv som en trädgårdsmästare – du måste vårda ditt team och hjälpa dem att blomstra.

Men vänta, det finns mer! Som chef är du också ansvarig för att skapa en positiv arbetsmiljö. Det innebär att främja en kultur av samarbete, förtroende och respekt. Du måste vara klistret som håller ihop laget, hejarklacken som håller moralen hög och förnuftets röst när spänningar blossar upp. Det är ett tufft jobb, men hey, någon måste göra det.

Och låt oss inte glömma de inte så roliga sakerna – som att hantera konflikter och lösa problem. Japp, som chef är du också den boende brandman. När saker och ting går fel är det du som måste slå in och rädda dagen. Oavsett om det handlar om att medla en tvist mellan teammedlemmar eller att hitta en lösning för ett projekt som har gått snett, måste du vara snabb på fötterna och cool under press.

Men hey, det är inte bara undergång och dysterhet. Att vara chef kommer också med sin beskärda del av förmåner. För det första kommer du att ha mer självständighet och auktoritet än din genomsnittliga anställd. Du kommer också att ha möjlighet att göra en verklig inverkan – inte bara på ditt team, utan på organisationen som helhet. Dessutom, låt oss inte glömma lönechecken. Japp, att vara chef kommer ofta med högre lön och bättre förmåner. Inte för illa, va?

Så där har du det – rollen som chef i ett nötskal. Det är ett utmanande, krävande och ibland rent av stressigt jobb. Men det är också otroligt givande. Så kavla upp ärmarna, vässa dina pennor och gör dig redo att dyka med huvudet först in i managementets vilda och underbara värld. Du har det här!

Övergång till ledning: Navigera över skiftet från peer till ledare

Okej, låt oss prata om det stora språnget – övergången från att bara vara ytterligare en gruppmedlem till att träda in i en managers skor. Det är en resa fylld av spänning, utmaningar och en hel del lärande. Så ta en kopp kaffe och sätt oss ner när vi dyker djupt in i vad det innebär att ta steget från kamrat till ledare.

Först till kvarn, låt oss ta upp elefanten i rummet – det fruktade bedragarsyndromet. Du vet vad jag pratar om – den där tjatande känslan av att du inte är kvalificerad för jobbet, att du bara fejkar det tills du klarar det. Tja, gissa vad? Du är inte ensam. I stort sett alla nya chefer har känt på samma sätt någon gång. Men här är grejen - du skulle inte ha blivit befordrad om din chef inte trodde på dig. Så ta ett djupt andetag, håll huvudet högt och kom ihåg att du har vad som krävs för att lyckas.

Nu ska vi prata om tankesätt. Att göra övergången till ledning handlar inte bara om att lära sig nya färdigheter; det handlar också om att anta ett nytt tänkesätt. Du är inte längre bara ansvarig för ditt eget arbete; du är nu ansvarig för andras arbete. Det betyder att du flyttar ditt fokus från "jag" till "vi". Det innebär att tänka mindre på hur du kan avancera din egen karriär och mer på hur du kan hjälpa ditt lag att lyckas. Det är en subtil men viktig förändring – en som kan göra stor skillnad i din effektivitet som chef.

Nästa upp, låt oss prata om gränser. Som ny chef kan det vara frestande att försöka vara allas bästa vän – att sudda ut gränserna mellan chef och kompis. Men här är grejen – att vara chef innebär ibland att ta svåra beslut, och det är mycket svårare att göra det när du är för nära dina teammedlemmar. Så även om det är viktigt att vara tillgänglig och stödjande, är det också viktigt att hålla en viss nivå av professionell distans. Det betyder inte att du måste vara distanserad eller otillgänglig, men det innebär att sätta tydliga gränser och hålla fast vid dem.

Nu ska vi prata om kommunikation. Som chef är effektiv kommunikation helt avgörande. Du måste tydligt kunna formulera dina förväntningar, ge konstruktiv feedback och lyssna på dina teammedlemmars oro och idéer. Men här är grejen – kommunikation handlar inte bara om vad du säger; det handlar också om hur du säger det. Som chef väger dina ord tungt, så välj dem med omsorg. Var uppmärksam på din ton, ditt kroppsspråk och ditt uppträdande. Kom ihåg att kommunikation är en dubbelriktad gata, så se till att du inte bara pratar med ditt team, utan också lyssnar på vad de har att säga.

Naturligtvis handlar kommunikation inte bara om ord – det handlar också om handlingar. Som chef sätter ditt beteende tonen för ditt team. Så föregå med gott exempel. Kom i tid, håll dina deadlines och behandla dina teammedlemmar med respekt. Var den typ av ledare du vill följa.

Nu ska vi prata om delegering. Som ny chef kan det vara frestande att försöka göra allt själv – att mikrohantera varje liten detalj. Men här är grejen - det är ett recept på utbrändhet. Som chef är ditt jobb inte att göra jobbet; det är för att se till att arbetet blir gjort. Det innebär att lära sig att delegera effektivt. Identifiera dina teammedlemmars styrkor och svagheter och tilldela uppgifter därefter. Och lita sedan på att de får jobbet gjort. Det kan vara läskigt i början, men kom ihåg - du anställde dina teammedlemmar av en anledning. Ge dem möjligheten att lysa.

Okej, låt oss prata om feedback. Som chef är att ge feedback en av dina viktigaste ansvarsområden. Oavsett om det är beröm för ett väl utfört arbete eller konstruktiv kritik för ett jobb som behöver förbättras, hjälper feedback dina teammedlemmar att växa och utvecklas. Men här är grejen – feedback handlar inte bara om att påpeka vad som gick fel; det handlar också om att fira det som gick rätt. Så glöm inte att ge kredit där kredit ska. Och kom ihåg att feedback alltid ska vara specifik, läglig och handlingsbar. Berätta inte bara för dina teammedlemmar att de måste göra bättre ifrån sig; visa dem hur.

Nu ska vi prata om beslutsfattande. Som chef kommer du att ställas inför tuffa beslut regelbundet. Några av dem kommer att vara lätta, några av dem kommer att vara svåra, och några av dem kommer att hålla dig vaken på natten. Men här är grejen - att undvika beslut är inte ett alternativ. Som chef måste du vara villig att ta de svåra samtalen, även när de är impopulära. Det betyder inte att du ska fatta beslut i ett vakuum; det betyder att du bör samla all relevant information, väga för- och nackdelar och sedan fatta det bästa beslutet du kan med den information du har. Och kom ihåg, inte varje beslut kommer att vara ett hemkörning, och det är okej. Lär dig av dina misstag, justera kursen om det behövs och fortsätt framåt.

Okej, låt oss prata om tidshantering. Som chef är din tid värdefull, och det finns aldrig tillräckligt med den för att gå runt. Det betyder att du måste vara hänsynslös när det gäller att prioritera dina uppgifter och hantera din tid effektivt. Identifiera dina högsta prioriteringar och fokusera på dem först. Delegera eller skjuta upp mindre viktiga uppgifter. Och glöm inte att bygga i tid för raster och egenvård. Kom ihåg att du inte kan hälla upp ur en tom kopp, så se till att du tar hand om dig själv också.

Låt oss nu prata om självkännedom. Som chef är det viktigt att känna till dina styrkor och svagheter, dina blinda fläckar och fördomar. Ta dig tid att reflektera över ditt eget beteende och dess inverkan på ditt team. Var öppen för feedback och var villig att erkänna när du har gjort ett misstag. Och kom ihåg att ingen är perfekt – vi är alla pågående arbeten.

Okej, låt oss avsluta det här. Att gå över till ledning är en resa fylld av upp- och nedgångar, utmaningar och triumfer. Men med rätt tänkesätt, färdigheter och stöd har du vad som krävs för att lyckas. Så kavla upp ärmarna, gräv ner dig och gör dig redo att leda. Du har det här!

Kärnledningsfärdigheter: Byggstenarna för effektivt ledarskap

Okej, låt oss gå ner till brassstick och prata om det nitty-gritty – de centrala ledaregenskaperna du behöver för att lyckas i din roll som ledare. Vi pratar om de grundläggande färdigheterna som gör dig redo för framgång, oavsett om du leder ett team på två eller tjugo, om du leder ett litet projekt eller en hel avdelning. Så ta en penna och papper, för vi är på väg att dyka djupt in i vad som krävs för att bli en bra chef.

Först och främst, låt oss prata om kommunikation. Som chef är effektiv kommunikation helt avgörande. Du måste tydligt kunna formulera dina förväntningar, ge konstruktiv feedback och lyssna på dina teammedlemmars oro och idéer. Men här är grejen – kommunikation handlar inte bara om vad du säger; det handlar också om hur du säger det. Som chef väger dina ord tungt, så välj dem med omsorg. Var uppmärksam på din ton, ditt kroppsspråk och ditt uppträdande. Kom ihåg att kommunikation är en dubbelriktad gata, så se till att du inte bara pratar med ditt team, utan också lyssnar på vad de har att säga.

Nästa upp, låt oss prata om beslutsfattande. Som chef kommer du att ställas inför tuffa beslut regelbundet. Några av dem kommer att vara lätta, några av dem kommer att vara svåra, och några av dem kommer att hålla dig vaken på natten. Men här är grejen - att undvika beslut är inte ett alternativ. Som chef måste du vara villig att göra de svåra samtalen, även när de är impopulära. Det betyder inte att du ska fatta beslut i ett vakuum; det betyder att du bör samla all relevant information, väga för- och nackdelar och sedan fatta det bästa beslutet du kan med den information du har. Och kom ihåg, inte varje beslut kommer att vara ett hemkörning, och det är okej. Lär dig av dina misstag, justera kursen om det behövs och fortsätt framåt.

Nu ska vi prata om delegering. Som ny chef kan det vara frestande att försöka göra allt själv – att mikrohantera varje liten detalj. Men här är grejen - det är ett recept på utbrändhet. Som chef är ditt jobb inte att göra jobbet; det är för att se till att arbetet blir gjort. Det innebär att lära sig att delegera effektivt. Identifiera dina teammedlemmars styrkor och svagheter och tilldela uppgifter därefter. Och lita sedan på att de får jobbet gjort. Det kan vara läskigt i början, men kom ihåg - du anställde dina teammedlemmar av en anledning. Ge dem möjligheten att lysa.

Okej, låt oss prata om feedback. Som chef är att ge feedback en av dina viktigaste ansvarsområden. Oavsett om det är beröm för ett väl utfört arbete eller konstruktiv kritik för ett jobb som behöver förbättras, hjälper feedback dina teammedlemmar att växa och utvecklas. Men här är grejen – feedback handlar inte bara om att påpeka vad som gick fel; det handlar också om att fira det som gick rätt. Så glöm inte att ge kredit där kredit ska. Och kom ihåg att feedback alltid ska vara specifik, läglig och handlingsbar. Berätta inte bara för dina teammedlemmar att de måste göra bättre ifrån sig; visa dem hur.

Nästa upp, låt oss prata om tidshantering. Som chef är din tid värdefull, och det finns aldrig tillräckligt med den för att gå runt. Det betyder att du måste vara hänsynslös när det gäller att prioritera dina uppgifter och hantera din tid effektivt. Identifiera dina högsta prioriteringar och fokusera på dem först. Delegera eller skjuta upp mindre viktiga uppgifter. Och glöm inte att bygga i tid för raster och egenvård. Kom ihåg att du inte kan hälla upp ur en tom kopp, så se till att du tar hand om dig själv också.

Nu ska vi prata om ledarskap. Som chef är du inte bara en chef; du är en ledare. Det innebär att inspirera, motivera och ge dina teammedlemmar möjlighet att göra sitt bästa arbete. Det innebär att föregå med gott exempel, sätta tonen för ditt team och skapa en positiv arbetsmiljö där alla känner sig uppskattade och stöttade. Men här är grejen – ledarskap handlar inte om att vara den högsta rösten i rummet eller att ha alla svar. Det handlar om ödmjukhet, empati och en vilja att kavla upp ärmarna och smutsa ner händerna när det behövs. Det handlar om att bygga förtroende och främja samarbete. Det handlar om att erkänna de unika styrkorna och talangerna hos varje individ i ditt team och hjälpa dem att nå sin fulla potential.

Låt oss slutligen prata om anpassningsförmåga. Som chef kommer du att stöta på oväntade utmaningar, förändringar och kurvor regelbundet. Det är bara vilddjurets natur. Så det är viktigt att vara flexibel, anpassningsbar och kunna rulla med slagen. Det betyder att vara öppen för nya idéer, villig att prova nya tillvägagångssätt och kunna svänga om när saker och ting inte går enligt plan. Det innebär att vara motståndskraftig inför motgångar och kunna studsa tillbaka från motgångar. Kom ihåg att förändring är oundviklig, men hur du reagerar på det är upp till dig.

Okej, så där har du det – de centrala ledaregenskaperna du behöver för att lyckas som ledare. Kommunikation, beslutsfattande, delegering, feedback, tidshantering, ledarskap och anpassningsförmåga. Bemästra dessa färdigheter, och du kommer att vara på god väg att bli den typ av chef som folk är stolta över att följa. Så kavla upp ärmarna, gräv ner dig och gör dig redo att leda. Du har det här!

Rekrytering och rekrytering: Bygg ditt drömteam

Okej, låt oss dyka in i en av de mest kritiska aspekterna av att vara chef – rekrytering och rekrytering. Att bygga ett starkt lag är som att bygga ett hus; allt börjar med en solid grund. Så ta tag i din hjälm och din verktygslåda, för vi är på väg att lägga grunden för att hitta och anställa de bästa talangerna där ute.

Först och främst, låt oss prata om vikten av rekrytering. Ditt team är bara så starkt som dess svagaste länk, så det är avgörande att investera tid och ansträngning för att hitta rätt personer för jobbet. Men här är grejen – rekrytering handlar inte bara om att fylla en position; det handlar om att hitta den perfekta passformen. Du letar inte bara efter någon som kan göra jobbet; du letar efter någon som kan briljera med det, någon som delar dina värderingar och din vision för teamet.

Så, hur hittar du dessa svårfångade enhörningar? Tja, allt börjar med att veta vad du letar efter. Innan du ens funderar på att lägga upp en platsannons, ta dig tid att tydligt definiera rollen och dess krav. Vilka färdigheter och erfarenheter är viktiga? Vilka personlighetsdrag letar du efter? Vilka värderingar och kulturell passform är viktiga för ditt team? När du har fått en tydlig bild av vad du letar efter är det dags att kasta ditt nät och börja attrahera kandidater.

Ett av de mest effektiva sätten att attrahera topptalanger är genom dina jobbannonser. Se det som en försäljningsföreläsning – du vill lyfta fram fördelarna med att arbeta för ditt team och du vill göra jobbet så tilltalande som möjligt. Se till att inkludera alla viktiga detaljer, som jobbtitel, ansvar, kvalifikationer och eventuella förmåner. Och glöm inte att injicera lite personlighet i dina inlägg – trots allt vill du attrahera kandidater som inte bara är kvalificerade utan också entusiastiska över möjligheten att gå med i ditt team.

Men att lägga ut en jobbannons är bara början. För att verkligen attrahera topptalanger måste du gå dit kandidaterna är. Det innebär att utnyttja ditt nätverk, delta i branschevenemang och utnyttja onlineplattformar som LinkedIn och jobbbrädor. Var inte rädd för att vara kreativ – tänk utanför ramarna och utforska okonventionella kanaler för att hitta talanger.

När du har attraherat en pool av kandidater är det dags att kavla upp ärmarna och börja screeningsprocessen. Det är här du separerar agnarna från vetet, diamanterna från råen. Börja med att granska CV och personliga brev, leta efter kandidater som uppfyller de grundläggande kvalifikationerna för rollen. Men sluta inte där – gräv djupare. Leta efter bevis på prestationer och prestationer, inte bara en tvättlista med arbetsuppgifter. Och glöm inte att vara uppmärksam på de små detaljerna – stavfel, formateringsproblem och andra röda flaggor kan vara ett tecken på slarv eller bristande uppmärksamhet på detaljer.

När du har minskat din pool av kandidater är det dags att gå vidare till nästa fas – intervjuer. Detta är din chans att lära känna kandidaterna på en djupare nivå, för att bedöma deras färdigheter, deras erfarenhet och deras passform med ditt team. Men kom ihåg att intervjuer är en dubbelriktad gata. Det handlar inte bara om att grilla kandidaten med frågor; det handlar också om att ge dem möjlighet att ställa frågor och lära sig mer om rollen och ditt team. Så se till att skapa en välkomnande och engagerande miljö, och var beredd att svara på alla frågor de kan ha.

Men intervjuer är bara en pusselbit. För att verkligen bedöma en kandidats lämplighet för rollen är det viktigt att gå längre än det traditionella intervjuformatet. Överväg att inkludera praktiska övningar, fallstudier eller jobbsimuleringar i din anställningsprocess. Dessa kan ge värdefulla insikter om en kandidats färdigheter, problemlösningsförmåga och kulturella passform.

Okej, så du har hittat din drömkandidat – vad nu? Nåväl, det är dags att slutföra affären. Men innan du lämnar ett erbjudande, se till att kontrollera referenser och göra eventuella nödvändiga bakgrundskontroller. Du vill vara säker på att du anställer någon som inte bara är kvalificerad utan också pålitlig och pålitlig.

När du har gjort din due diligence är det dags att lägga erbjudandet. Se till att tydligt beskriva anställningsvillkoren, inklusive lön, förmåner, startdatum och andra relevanta detaljer. Och glöm inte att uttrycka din entusiasm för att få dem att gå med i ditt team – trots allt vill du att de ska vara lika exalterade över möjligheten som du är.

Okej, så där har du det – rekrytering och anställning i ett nötskal. Det är en utmanande och tidskrävande process, men med rätt tillvägagångssätt och lite uthållighet kan du bygga ett team som är kapabelt, motiverat och redo att ta sig an världen. Så kavla upp ärmarna, gå ut och börja bygga ditt drömlag. Framtiden är din!

Introduktion av nya medarbetare: Sätta scenen för framgång

Okej, du har precis anställt en ny medarbetare – grattis! Men vänta lite, för det verkliga arbetet har precis börjat. Nu kommer den avgörande uppgiften att integrera dem i ditt team och ställa in dem för framgång. Effektiv onboarding är som att lägga grunden för en ny byggnad – den sätter scenen för allt som kommer efter. Så ta tag i din hjälm och dina ritningar, för vi är på väg att dyka djupt in i konsten att ta in nya medarbetare.

Först till kvarn, låt oss prata om vikten av onboarding. Forskning visar att effektiv introduktion kan ha en betydande inverkan på att behålla anställda, produktivitet och tillfredsställelse. Faktum är att anställda som går igenom en strukturerad introduktionsprocess är mer benägna att stanna kvar på företaget långsiktigt och prestera på en högre nivå än de som inte gör det. Så att investera tid och ansträngning i onboarding är inte bara ett trevligt att ha – det är ett måste.

Okej, så nu när vi har fastställt varför onboarding är viktigt, låt oss prata om hur man gör det rätt. Effektiv onboarding handlar om att få nya medarbetare att känna sig välkomna, uppskattade och beredda att slå igång. Det handlar om att hjälpa dem att integreras i teamet, förstå sin roll och sitt ansvar och känna sig säkra på sin förmåga att lyckas.

Ett av de första stegen i introduktionsprocessen är att skapa en välkomnande miljö för din nya medarbetare. Tänk på det som att rulla ut den röda mattan – du vill få dem att känna sig som en VIP från dag ett. Det innebär att man hälsar dem varmt när de kommer, presenterar dem för sina medarbetare och ger dem en rundtur på kontoret. Se till att konfigurera sin arbetsyta i förväg med alla verktyg och resurser de behöver för att komma igång.

Nästa upp, låt oss prata om pappersarbete. Jag vet, jag vet, det är inte den mest spännande delen av onboarding, men det är ändå viktigt.

Se till att ha alla nödvändiga papper redo för din nya medarbetare att fylla i den första dagen, inklusive skatteformulär, löneinformation och andra nödvändiga dokument. Du kan effektivisera denna process genom att tillhandahålla elektroniska formulär i förväg och erbjuda hjälp om det behövs.

Okej, nu när pappersarbetet är ur vägen är det dags att dyka in i det snälla i jobbet. Det är här du kommer att introducera din nya medarbetare till deras roll och ansvar och förse dem med den information och utbildning de behöver för att lyckas. Se till att täcka grunderna, som företagets policyer och procedurer, samt eventuella specifika förväntningar på deras roll. Och glöm inte att tilldela dem en mentor eller kompis som kan hjälpa dem att navigera under de första veckorna på jobbet.

Men introduktion handlar inte bara om att bombardera din nya medarbetare med information – det handlar också om att främja kontakter och bygga relationer. Ta dig tid att schemalägga personliga möten med viktiga intressenter, inklusive deras chef, lagkamrater och andra kollegor som de kommer att arbeta nära. Dessa möten ger en möjlighet för din nya medarbetare att ställa frågor, lära känna sina medarbetare och börja bygga de där viktiga relationerna.

Okej, låt oss prata om träning. Som en del av introduktionsprocessen är det viktigt att ge din nya medarbetare den utbildning de behöver för att utmärka sig i sin roll. Detta kan inkludera formella utbildningssessioner, skuggmöjligheter eller praktisk erfarenhet av viktiga uppgifter och projekt. Se till att skräddarsy utbildningen efter din nya medarbetares inlärningsstil och takt, och ge många möjligheter till feedback och stöd längs vägen.

Självklart upphör inte onboarding efter den första dagen eller ens den första veckan. Effektiv onboarding är en pågående process som pågår i veckor, månader eller till och med längre, beroende på rollens komplexitet. Var noga med att kolla in med din nya medarbetare regelbundet för att se hur de anpassar sig, svara på eventuella frågor eller problem de kan ha och ge ytterligare stöd eller utbildning vid behov.

Okej, låt oss avsluta det här. Introduktion av nya medarbetare är ett avgörande steg för att förbereda dem för framgång och se till att de känner sig välkomna och värderade från dag ett. Genom att skapa en välkomnande miljö, tillhandahålla nödvändig information och utbildning, främja kontakter och relationer och erbjuda kontinuerligt stöd och feedback, kan du hjälpa dina nya medarbetare att komma igång och bli värdefulla medlemmar i ditt team. Så rulla ut den röda mattan, välkomna din nya medarbetare med öppna armar och gör dig redo att se dem frodas. Framtiden är ljus!

Bygga teamdynamik: Främja samarbete, förtroende och framgång

Okej, låt oss prata om en av de viktigaste aspekterna av att vara chef – att bygga en stark teamdynamik. Ditt team är som en väloljad maskin; när alla samarbetar smidigt kan du åstadkomma fantastiska saker. Men att bygga den dynamiken sker inte över en natt – det tar tid, ansträngning och en hel del avsiktlighet. Så ta tag i din verktygslåda och din hjälm, för vi är på väg att dyka djupt in i konsten att bygga effektiv teamdynamik.

Först till kvarn, låt oss prata om vikten av teamdynamik. Forskning visar att team med stark dynamik är mer produktiva, mer innovativa och mer motståndskraftiga inför utmaningar. De har bättre förmåga att samarbeta, kommunicera och lösa problem effektivt. Med andra ord, stark teamdynamik är den hemliga såsen som kan ta ditt lag från bra till bra.

Så, hur går du tillväga för att bygga en stark teamdynamik? Tja, allt börjar med att främja en kultur av samarbete och förtroende. Dina teammedlemmar måste känna sig trygga för att säga vad de tycker, dela med sig av sina idéer och ta risker utan rädsla för dömande eller repressalier. Det innebär att skapa en miljö där allas röster hörs och värderas, där feedback är konstruktiv och respektfull, och där mångfald av tankar och perspektiv hyllas.

Ett av de bästa sätten att främja samarbete och förtroende är genom teambuilding-aktiviteter. Dessa kan vara så enkla som isbrytarspel eller så utarbetade som retreater utanför platsen – det handlar om att hitta det som fungerar för ditt lag. Målet är att skapa möjligheter för dina teammedlemmar att lära känna varandra på en djupare nivå, bygga relationer och stärka sina kontakter. Oavsett om det är en rensningsjakt, en repbana eller en runda med lagtrivia, är nyckeln att skapa upplevelser som är roliga, engagerande och meningsfulla.

Men lagbyggande aktiviteter är bara en pusselbit. Att bygga en stark teamdynamik kräver också kontinuerliga ansträngningar och investeringar i att bygga relationer. Det innebär att schemalägga regelbundna teammöten, en-till-en-incheckningar och informella träffar utanför jobbet. Det innebär att du tar dig tid att lyssna på dina teammedlemmars bekymmer, fira deras framgångar och erbjuda support när det behövs. Och det innebär att leda med gott exempel, modellera den typ av beteende du vill se i ditt team.

Okej, låt oss prata om kommunikation. Effektiv kommunikation är helt avgörande för att bygga en stark teamdynamik. Dina teammedlemmar måste kunna dela information, idéer och feedback fritt och öppet. Det innebär att skapa kanaler för kommunikation som är tydliga, transparenta och tillgängliga för alla. Oavsett om det är genom regelbundna teammöten, e-postuppdateringar eller en dedikerad meddelandeplattform, är nyckeln att se till att alla är på samma sida och har den information de behöver för att göra sitt jobb effektivt.

Men kommunikation handlar inte bara om att prata – det handlar också om att lyssna. Som chef är det viktigt att skapa utrymme för dina teammedlemmar att dela sina tankar, bekymmer och idéer. Det innebär att aktivt söka efter deras input, be om feedback och se till att alla har en chans att bli hörda. Kom ihåg att kommunikation är en dubbelriktad gata, så se till att lyssna så mycket som du talar.

Nästa upp, låt oss prata om ansvarighet. Att bygga en stark teamdynamik innebär att hålla alla ansvariga för sina handlingar och sina bidrag till laget. Det innebär att ställa tydliga förväntningar, definiera roller och ansvar och hålla regelbundna incheckningar för att bedöma framsteg och ge feedback. Men ansvarsskyldighet handlar inte om att peka fingrar eller skylla på – det handlar om att främja en kultur av ägande och ansvar, där alla är stolta över sitt arbete och håller höga krav på sig själva och varandra.

Att bygga en stark teamdynamik kräver naturligtvis också en hälsosam dos empati och emotionell intelligens. Dina teammedlemmar är människor, med sina egna förhoppningar, rädslor och ambitioner. Som chef är det viktigt att känna igen och respektera deras individuella skillnader och att vara lyhörd för deras behov och känslor. Det innebär att vara empatisk och förstående, erbjuda stöd och uppmuntran och vara villig att ge ett lyssnande öra när det behövs. Kom ihåg att lite vänlighet och medkänsla kan räcka långt för att bygga upp förtroende och relationer med ditt team.

Okej, låt oss avsluta det här. Att bygga en stark teamdynamik är ingen lätt bedrift, men med rätt tillvägagångssätt och lite uthållighet kan du skapa ett team som är kapabelt, sammanhållet och redo att ta sig an världen. Genom att främja en kultur av samarbete och förtroende, investera i relationer, främja öppen och transparent kommunikation, hålla alla ansvariga och leda med empati och emotionell intelligens, kan du skapa ett team som är större än summan av dess delar. Så kavla upp ärmarna, gå ut och börja bygga dynamiken. Framtiden är ljus!

Mångfald och inkludering: omfamna skillnader, främja innovation och bygga en bättre framtid

Okej, låt oss prata om ett av de mest avgörande ämnena på dagens arbetsplats – mångfald och inkludering. I en värld som blir allt mer sammankopplad och mångfaldigare är det inte bara rätt sak att omfamna olikheter – det är också ett smart affärsdrag. Så ta en plats och gör dig bekväm, för vi är på väg att dyka djupt in i vikten av mångfald och inkludering på arbetsplatsen.

Först till kvarn, låt oss definiera våra termer. När vi pratar om mångfald talar vi om mer än bara ras och kön. Mångfald omfattar ett brett spektrum av skillnader, inklusive men inte begränsat till ålder, etnicitet, religion, sexuell läggning, funktionshinder, socioekonomisk status med mera. Mångfald handlar med andra ord om att erkänna och hylla de unika egenskaper och perspektiv som varje individ kommer med på bordet.

Men mångfald är bara en del av ekvationen. Inkludering är lika viktigt. Inkludering handlar om att skapa en miljö där alla känner sig välkomna, värderade och respekterade, oavsett bakgrund eller identitet. Det handlar om att främja en känsla av tillhörighet, där alla känner sig bemyndigade att vara sina autentiska jag och bidra till sin fulla potential. Med andra ord, mångfald bjuds in till festen, men inkludering uppmanas att dansa.

Så varför är mångfald och inkludering så viktigt på arbetsplatsen? För det första är olika team mer innovativa och kreativa. När du sammanför människor med olika bakgrunder, erfarenheter och perspektiv är det mer sannolikt att du kommer på nya idéer och lösningar på komplexa problem. Mångfald väcker kreativitet, tänder innovation och driver affärsframgång.

Men mångfald och inkludering handlar om mer än bara resultat. De handlar också om socialt ansvar och etiskt ledarskap. I dagens allt mer mångfaldiga och sammanlänkade värld räcker det inte längre att ge läpparnas bekännelse till mångfald och inkludering – det är viktigt att aktivt främja och stödja dem. Det innebär att skapa policyer och metoder som främjar mångfald och inkludering, främjar en kultur av öppenhet och respekt, och håller oss själva och andra ansvariga för att skapa en miljö där alla kan frodas.

Okej, låt oss prata om fördelarna med mångfald och inkludering på arbetsplatsen. Forskning visar att företag med olika och inkluderande arbetsplatser är mer framgångsrika, mer lönsamma och mer konkurrenskraftiga på marknaden. De attraherar topptalanger, behåller anställda längre och har högre nivåer av medarbetarengagemang och tillfredsställelse. Med andra ord, mångfald och inkludering är inte bara bra för företagen – de är också bra för människor.

Men att bygga en mångsidig och inkluderande arbetsplats är inte alltid lätt. Det kräver engagemang, ansträngning och en vilja att konfrontera våra egna fördomar och antaganden. Det innebär att utmana status quo, trycka tillbaka mot diskriminering och ojämlikhet och att förespråka förändring. Det innebär att skapa policyer och metoder som främjar mångfald och inkludering, från rekrytering och anställning till befordran och ledarskapsutveckling. Och det innebär att främja en kultur av öppenhet, respekt och empati, där alla känner sig värderade och respekterade.

Okej, låt oss prata om praktiska steg du kan ta för att främja mångfald och inkludering på din arbetsplats. Ett av de första stegen är att utbilda dig själv och ditt team om vikten av mångfald och inkludering. Detta kan innebära att hålla workshops, utbildningssessioner eller diskussioner om omedveten partiskhet, privilegier och diskriminering. Det är viktigt att skapa en gemensam förståelse för varför mångfald och inkludering betyder något och hur de gynnar alla.

Låt oss härnäst prata om rekrytering och rekrytering. Att bygga ett mångsidigt team börjar med att attrahera en mångsidig pool av kandidater. Det innebär att kasta ett brett nät, nå ut till underrepresenterade grupper och ta bort hinder för inträde. Det innebär också att implementera praxis som främjar mångfald och inkludering, såsom blinda CV-screening, olika intervjupaneler och inkluderande språk i jobbannonser. Och när du har anställt ett mångsidigt team är det viktigt att skapa en inkluderande introduktionsprocess som får alla att känna sig välkomna och uppskattade från dag ett.

Men mångfald och inkludering stannar inte vid rekrytering och anställning – det är pågående ansträngningar som kräver kontinuerlig uppmärksamhet och investeringar. Det innebär att skapa möjligheter till professionell utveckling och avancemang för alla anställda, oavsett bakgrund eller identitet. Det innebär att främja mångfald i ledarskaps- och beslutsfattande roller, och se till att alla har en plats vid bordet. Och det innebär att främja en kultur av öppenhet, respekt och empati, där alla känner sig bemyndigade att säga ifrån, dela sina idéer och utmana status quo.

Okej, låt oss prata om ledarskapets roll för att främja mångfald och inkludering. Ledare har en unik möjlighet – och ett ansvar – att sätta tonen för sina organisationer och föregå med gott exempel. Det innebär att aktivt främja mångfald och inkludering, både genom sina ord och sina handlingar. Det innebär att kämpa för mångfald i anställnings- och befordransbeslut, att förespråka policyer och metoder som främjar jämlikhet och rättvisa, och att skapa en ansvarskultur där alla hålls till samma standarder. Och det innebär att vara villig att lyssna på feedback, lära av misstag och ständigt sträva efter att göra bättre.

Men att främja mångfald och inkludering är inte bara ledarnas ansvar – det är allas ansvar. Var och en av oss har en roll att spela för att skapa en arbetsplats där alla känner sig välkomna, värderade och respekterade. Oavsett om det handlar om att tala mot diskriminering, förespråka förändring eller helt enkelt vara en allierad till de som är underrepresenterade, har vi alla makten att göra skillnad.

Okej, låt oss avsluta det här. Mångfald och inkludering är inte bara modeord – de är viktiga ingredienser för att bygga en bättre och ljusare framtid. Genom att omfamna olikheter, främja innovation och skapa en samhörighetskultur kan vi skapa arbetsplatser som inte bara är mer framgångsrika och lönsamma utan också mer tillfredsställande och givande för alla. Så låt oss kavla upp ärmarna, börja jobba och bygga en värld där alla har möjlighet att trivas. Framtiden är vår att skapa.

Utbildning och utveckling: Investera i ditt teams tillväxt och framgång

Okej, låt oss dyka in i en av de viktigaste aspekterna av att vara chef – utbildning och utveckling. I dagens snabba värld är den enda konstanta förändringen, och det är viktigt att investera i ditt teams tillväxt och utveckling för att ligga före kurvan. Så ta en penna och papper, för vi är på väg att utforska alla detaljer i utbildning och utveckling på arbetsplatsen.

Först och främst, låt oss prata om varför träning och utveckling är så viktigt. I ett nötskal, att investera i ditt teams tillväxt och utveckling är inte bara bra för dem – det är också bra för ditt företag. Anställda som får regelbunden utbildning och utvecklingsmöjligheter är mer engagerade, mer produktiva och mer benägna att stanna kvar i företaget på lång sikt. De är också bättre rustade att anpassa sig till nya utmaningar, ta vara på möjligheter och driva innovation. Med andra ord, utbildning och utveckling är inte bara en kostnad – de är en investering i ditt teams – och ditt företags – framtida framgång.

Okej, så nu när vi har fastställt varför träning och utveckling är viktigt, låt oss prata om hur man gör det rätt. Effektiva utbildnings- och utvecklingsprogram handlar om mer än att bara kryssa i rutor eller bocka av en lista med kompetenser. De handlar om att skapa meningsfulla lärandeupplevelser som ger dina teammedlemmar möjlighet att växa och lyckas. Det innebär att du skräddarsyr dina utbildnings- och utvecklingsprogram efter dina teammedlemmars specifika behov och mål och ger möjligheter till praktiskt lärande, feedback och stöd.

Ett av de första stegen för att skapa ett effektivt utbildnings- och utvecklingsprogram är att bedöma ditt teams behov och identifiera förbättringsområden. Det kan handla om att genomföra undersökningar, intervjuer eller prestationsrecensioner för att samla in feedback från dina teammedlemmar om deras kompetens, kunskap och karriärmål. När du har identifierat förbättringsområden är det dags att ta fram en plan för att ta itu med dem.

Men träning och utveckling handlar inte bara om att ta itu med svagheter – det handlar också om att bygga vidare på styrkor. Ta dig tid att identifiera dina teammedlemmars unika talanger och intressen och ge dem möjligheter att utvecklas och växa inom områden där de utmärker sig. Oavsett om det är genom formella utbildningssessioner, mentorskapsprogram eller möjligheter till lärande på jobbet, är nyckeln att skapa en kultur av kontinuerligt lärande och förbättringar.

Låt oss härnäst prata om de olika typerna av utbildnings- och utvecklingsprogram du kan erbjuda. Det finns otaliga alternativ där ute, allt från traditionell klassrumsbaserad utbildning till onlinekurser, workshops, seminarier och mer. Nyckeln är att välja rätt format och leveransmetod för ditt teams behov och preferenser. Vissa teammedlemmar kanske föredrar onlinekurser i egen takt, medan andra kan trivas i en mer strukturerad klassrumsmiljö. Se till att erbjuda en mängd olika alternativ för att tillgodose olika inlärningsstilar och preferenser.

Men utbildning och utveckling handlar inte bara om formella program – det handlar också om att skapa en kultur av lärande och tillväxt inom ditt team. Uppmuntra dina teammedlemmar att ta ansvar för sin egen utveckling och ge dem möjligheter att utöva sina intressen och passioner utanför jobbet. Oavsett om det är att delta i branschkonferenser, gå med i professionella föreningar eller delta i samhällsevenemang, är nyckeln att främja en nyfikenhet och livslångt lärande.

Naturligtvis är utbildning och utveckling inte en engångshändelse – det är en pågående process som kräver kontinuerlig uppmärksamhet och investeringar. Det innebär att du regelbundet granskar och uppdaterar dina utbildnings- och utvecklingsprogram för att säkerställa att de förblir relevanta och effektiva. Det innebär också att ge möjligheter till feedback och utvärdering, så att du kan följa ditt teams framsteg och göra justeringar efter behov.

Okej, låt oss prata om ledarskapets roll i utbildning och utveckling. Som chef har du en unik möjlighet – och ett ansvar – att stödja och uppmuntra dina teammedlemmars tillväxt och utveckling. Det innebär att föregå med gott exempel, prioritera utbildning och utveckling inom ditt team och ge de resurser och stöd de behöver för att lyckas. Det innebär också att vara en mentor och coach, erbjuda vägledning, feedback och uppmuntran längs vägen.

Men utbildning och utveckling är inte bara ledarnas ansvar – det är allas ansvar. Var och en av oss har en roll att spela för att skapa en kultur av lärande och tillväxt inom våra team. Oavsett om det handlar om att dela kunskap och expertis, erbjuda stöd och uppmuntran, eller helt enkelt vara ett bollplank för nya idéer, har vi alla kraften att göra skillnad.

Okej, låt oss avsluta det här. Utbildning och utveckling är viktiga ingredienser för att bygga ett starkt, framgångsrikt team. Genom att investera i ditt teams tillväxt och utveckling kan du ge dem möjlighet att nå sin fulla potential, driva innovation och nå större framgång. Så låt oss kavla upp ärmarna, börja jobba och skapa en kultur av lärande och tillväxt som ger alla möjlighet att lyckas. Framtiden är vår att forma.

Prestandahantering: Maximera potentialen, driva resultat och främja tillväxt

Okej, låt oss dyka in i en av de viktigaste aspekterna av att vara chef – prestationsledning. I en fartfylld och konkurrensutsatt värld är det viktigt att ha system och processer på plats för att utvärdera och förbättra prestandan för dina teammedlemmar. Så ta ditt anteckningsblock och penna, för vi är på väg att utforska detaljerna i prestationshantering på arbetsplatsen.

Först till kvarn, låt oss definiera våra termer. När vi pratar om resultatstyrning talar vi om mer än bara årliga granskningar eller utvärderingar. Prestationsstyrning är en holistisk process som omfattar allt från att sätta upp mål och förväntningar till att ge feedback, coachning och stöd, till att erkänna och belöna prestationer. Med andra ord handlar det om att hjälpa dina teammedlemmar att maximera sin potential, driva resultat och främja tillväxt och utveckling.

Okej, så nu när vi har fastställt vad resultatstyrning är, låt oss prata om varför det är viktigt. Effektiv resultatstyrning är avgörande av flera skäl. För det första hjälper det till att säkerställa att dina teammedlemmar är i linje med organisationens mål och mål. Genom att sätta tydliga förväntningar och mål kan du hjälpa dina teammedlemmar att förstå vad som förväntas av dem och hur deras arbete bidrar till teamets och företagets övergripande framgång.

Men resultatstyrning handlar inte bara om att hålla dina teammedlemmar ansvariga – det handlar också om att ge dem möjlighet att lyckas. Genom att ge regelbunden feedback, coachning och stöd kan du hjälpa dina teammedlemmar att identifiera områden för förbättring, dra nytta av sina styrkor och uppnå sina mål. Med andra ord handlar prestationsstyrning om att förbereda dina teammedlemmar för framgång och ge dem de verktyg och det stöd de behöver för att blomstra.

Ett av de första stegen i effektiv resultatstyrning är att sätta tydliga, mätbara mål och förväntningar. Detta ger en färdplan för dina teammedlemmar att följa och ger dem en tydlig känsla av riktning. Se till att involvera dina teammedlemmar i målsättningsprocessen och se till att målen är SMARTA – specifika, mätbara, uppnåbara, relevanta och tidsbundna. Detta kommer att hjälpa till att säkerställa att dina teammedlemmar är motiverade och engagerade, och att de har en tydlig förståelse för vad som förväntas av dem.

Men att sätta upp mål är bara början. Effektiv prestationsledning kräver också regelbunden feedback och coachning. Se till att ge dina teammedlemmar snabb, specifik feedback på deras prestation, både positiv och konstruktiv. Detta hjälper dem att förstå vad de gör bra och var de kan förbättras, och det visar dem att du är investerad i deras framgång. Se till att schemalägga regelbundna incheckningar med dina teammedlemmar för att diskutera deras framsteg, ta itu med eventuella problem eller utmaningar de kan ställas inför och ge vägledning och stöd vid behov.

Naturligtvis handlar resultatstyrning inte bara om att se bakåt – det handlar också om att se framåt. Se till att ge dina teammedlemmar möjligheter till tillväxt och utveckling, oavsett om det är genom ytterligare träning och utbildning, stretchuppdrag eller möjligheter till avancemang. Genom att investera i dina teammedlemmars tillväxt och utveckling hjälper du dem inte bara att nå sin fulla potential, utan du stärker också ditt team och din organisation som helhet.

Okej, låt oss prata om rollen av erkännande och belöningar i prestationshantering. Att erkänna och belöna dina teammedlemmars prestationer är avgörande för att bygga moral, motivation och engagemang. Se till att fira dina teammedlemmars framgångar, både stora och små, och visa dem att deras hårda arbete och engagemang uppskattas. Oavsett om det är ett enkelt tack, en shout-out på ett teammöte eller en mer påtaglig belöning som en bonus eller befordran, är nyckeln att se till att dina teammedlemmar vet att deras ansträngningar inte har gått obemärkt förbi.

Men resultatstyrning är inte bara chefernas ansvar – det är allas ansvar. Var och en av oss har en roll att spela för att skapa en kultur av ansvarighet, feedback och tillväxt inom våra team. Oavsett om det handlar om att sätta tydliga mål och förväntningar, ge regelbunden feedback och stöd, eller att erkänna och belöna prestationer, har vi alla kraften att göra skillnad.

Okej, låt oss avsluta det här. Prestationshantering är avgörande för att maximera potentialen, driva resultat och främja tillväxt och utveckling inom ditt team. Genom att sätta upp tydliga mål och förväntningar, ge regelbunden feedback och coachning, och erkänna och belöna prestationer, kan du hjälpa dina teammedlemmar att lyckas och frodas. Så låt oss kavla upp ärmarna, börja jobba och skapa en kultur av ansvarighet, feedback och tillväxt som ger alla möjlighet att nå sin fulla potential. Framtiden är ljus!

Motivation och engagemang: Att tända passion, främja engagemang och driva framgång

Okej, låt oss dyka in i en av de viktigaste aspekterna av att leda ett team – motivation och engagemang. I dagens snabba värld, där distraktioner finns i överflöd och kraven är höga, är det viktigt att hålla dina teammedlemmar motiverade och engagerade för att driva framgång. Så låt oss kavla upp ärmarna och utforska alla detaljer med att motivera och engagera ditt team.

Först till kvarn, låt oss definiera våra termer. När vi pratar om motivation talar vi om mer än bara incitament eller belöningar. Motivation handlar om att ta tillvara dina teammedlemmars inneboende drivkrafter och passioner, inspirera dem att ge sitt bästa och gå den extra milen. Det handlar om att skapa en miljö där dina teammedlemmar känner sig bemyndigade, uppskattade och glada att komma till jobbet varje dag.

Men enbart motivation räcker inte – du behöver också engagemang. Engagemang handlar om mer än att bara dyka upp och gå igenom rörelserna. Det handlar om att vara fullt närvarande, känslomässigt investerad och engagerad i framgången för ditt team och organisationen. Det handlar om att känna en känsla av syfte och tillhörighet, och att hitta mening och tillfredsställelse i ditt arbete.

Okej, så nu när vi har definierat våra termer, låt oss prata om varför motivation och engagemang är så viktigt. Dels är motiverade och engagerade medarbetare mer produktiva, mer innovativa och mer motståndskraftiga inför utmaningar. De är också mer benägna att stanna kvar i företaget på lång sikt och bidra till dess framgång. Motivation och engagemang är med andra ord inte bara trevliga att ha – de är viktiga ingredienser för att driva framgång och uppnå dina mål.

Så hur gör du för att motivera och engagera ditt team? Tja, allt börjar med att förstå vad som får dina teammedlemmar att ticka. Alla är motiverade av olika saker – vissa kan drivas av en känsla av syfte och mening, medan andra kan vara motiverade av erkännande, belöningar eller möjligheter till tillväxt och avancemang. Ta dig tid att lära känna dina teammedlemmar på en personlig nivå och ta reda på vad som motiverar dem och vad de brinner för.

När du väl har identifierat vad som motiverar dina teammedlemmar är det dags att utnyttja dessa inneboende drivkrafter och passioner. Detta kan innebära att sätta upp utmanande mål som tänjer dina teammedlemmars förmågor och pressar dem ut ur deras komfortzoner. Det kan innebära att ge möjligheter till självständighet och bemyndigande, så att dina teammedlemmar kan ta ansvar för sitt arbete och fatta beslut självständigt. Det kan innebära att erkänna och fira prestationer, både stora och små, och att visa dina teammedlemmar att deras hårda arbete och engagemang inte har gått obemärkt förbi.

Men motivation och engagemang handlar inte bara om vad du gör – det handlar också om hur du gör det. Att skapa en positiv arbetsmiljö där dina teammedlemmar känner sig värderade, respekterade och stöttade är avgörande för att främja motivation och engagemang. Detta kan handla om att främja balansen mellan arbete och privatliv, ge möjligheter till professionell utveckling och tillväxt och främja en kultur av öppenhet, förtroende och samarbete. Det handlar om att skapa en känsla av tillhörighet och kamratskap, där alla känner att de är en del av något större än de själva.

Naturligtvis är motivation och engagemang inte en engångssak – de är en pågående process som kräver kontinuerlig uppmärksamhet och investeringar. Det innebär att regelbundet kolla in med dina teammedlemmar för att se hur de mår, erbjuda stöd och uppmuntran när det behövs, och vara villig att lyssna på deras bekymmer och idéer. Det innebär också att vara öppen för feedback och villig att göra justeringar efter behov för att hålla dina teammedlemmar motiverade och engagerade.

Okej, låt oss prata om ledarskapets roll för att motivera och engagera ditt team. Som chef har du en unik möjlighet – och ett ansvar – att inspirera och stärka dina teammedlemmar att göra sitt bästa arbete. Det innebär att leda med gott exempel, visa passion och entusiasm för ditt arbete och visa dina teammedlemmar att du tror på dem och deras förmågor. Det innebär också att ge möjligheter till tillväxt och utveckling, erbjuda stöd och uppmuntran och skapa en positiv arbetsmiljö där dina teammedlemmar känner sig värderade, respekterade och bemyndigade att lyckas.

Men att motivera och engagera ditt team är inte bara ledarnas ansvar – det är allas ansvar. Var och en av oss har en roll att spela för att skapa en kultur av motivation och engagemang inom våra team. Oavsett om det är att erkänna och fira prestationer, erbjuda stöd och uppmuntran, eller helt enkelt vara en positiv och stödjande närvaro, har vi alla kraften att göra skillnad.

Okej, låt oss avsluta det här. Motivation och engagemang är viktiga ingredienser för att driva framgång och uppnå dina mål. Genom att utnyttja dina teammedlemmars inneboende drivkrafter och passioner, skapa en positiv arbetsmiljö där de känner sig värderade och stöttade, och ge möjligheter till tillväxt och utveckling, kan du hjälpa dina teammedlemmar att nå sin fulla potential och uppnå fantastiska saker. Så låt oss kavla upp ärmarna, börja jobba och skapa en kultur av motivation och engagemang som ger alla möjlighet att lyckas. Framtiden är ljus!

Ledarskapsstilar: Navigera vägen till framgång

Okej, låt oss utforska en av de mest fascinerande aspekterna av ledarskap – ledarskapsstilar. Precis som det finns många vägar till framgång, finns det också många ledarskapsstilar, var och en med sina egna styrkor, svagheter och unika förhållningssätt. Så låt oss ta tag i vår kompass och utforska de olika ledarskapsstilarna som kan hjälpa oss på vägen till framgång.

Först till kvarn, låt oss definiera våra termer. När vi pratar om ledarskapsstilar talar vi om hur en ledare närmar sig sin roll och interagerar med sina teammedlemmar. Det finns otaliga ledarskapsstilar där ute, men de kan i allmänhet grupperas i några breda kategorier baserat på faktorer som kommunikation, beslutsfattande och relationsbyggande.

En av de vanligaste ledarstilarna är autokratiskt ledarskap. Autokratiska ledare tenderar att fatta beslut självständigt, utan att söka input från sina teammedlemmar. De har vanligtvis en tydlig vision och riktning för teamet och förväntar sig att deras teammedlemmar följer deras ledning. Även om autokratiskt ledarskap kan vara effektivt i vissa situationer, till exempel under kristider eller när snabba beslut måste fattas, kan det också vara demotiverande och deaktiverande för teammedlemmar som känner sig utanför beslutsprocessen.

På den motsatta änden av spektrumet har vi ett demokratiskt ledarskap. Demokratiska ledare värdesätter input och deltagande från sina teammedlemmar och försöker involvera dem i beslutprocessen. De uppmuntrar öppen kommunikation, samarbete och konsensusskapande, och ger sina teammedlemmar möjlighet att ta ägarskap över sitt arbete. Även om demokratiskt ledarskap kan leda till större inflytande och engagemang från teammedlemmar, kan det också vara tidskrävande och mindre effektivt i situationer där snabba beslut måste fattas.

Någonstans mitt emellan autokratiskt och demokratiskt ledarskap ligger laissez-faire ledarskap. Laissez-faire-ledare tar en hands-off-inställning till ledarskap, vilket ger sina teammedlemmar en hög grad av autonomi och frihet att fatta beslut självständigt. De ger vägledning och stöd när det behövs men litar generellt på att deras teammedlemmar sköter sitt eget arbete och löser problem på egen hand. Även om laissez-faire-ledarskap kan vara bemyndigande för självmotiverade och oberoende teammedlemmar, kan det också leda till förvirring och bristande riktning i avsaknad av tydlig vägledning och stöd från ledaren.

En annan vanlig ledarskapsstil är transformerande ledarskap. Transformationella ledare inspirerar och motiverar sina teammedlemmar att uppnå storhet, och utmanar dem att tänka utanför ramarna och nå sin fulla potential. De föregår med gott exempel, visar passion, entusiasm och en tydlig känsla av syfte och ger sina teammedlemmar möjlighet att göra detsamma. Även om transformationsledarskap kan vara mycket effektivt för att driva innovation och uppnå ambitiösa mål, kan det också vara krävande och intensivt, vilket kräver en hög nivå av energi och engagemang från både ledaren och deras teammedlemmar.

Äntligen har vi tjänande ledarskap. Tjänande ledare prioriterar sina teammedlemmars behov framför sina egna, fokuserar på att tjäna och stödja dem snarare än att hävda sin auktoritet eller söka personlig ära. De leder med empati, ödmjukhet och medkänsla och försöker skapa en kultur av tillit, respekt och samarbete inom sina team. Även om tjänande ledarskap kan vara mycket effektivt för att bygga starka, sammanhållna team och främja en kultur av ansvarstagande och ömsesidigt stöd, kan det också vara utmanande för ledare som kämpar för att balansera behoven hos sina teammedlemmar med kraven från organisationen.

Okej, låt oss prata om anpassningsförmågans roll i ledarskap. Även om var och en av dessa ledarstilar har sina egna styrkor och svagheter, är de mest effektiva ledarna de som kan anpassa sin stil för att passa situationens behov och de individer de leder. Detta kan handla om att vara mer vägledande och beslutsam i kristider, mer samarbetsvillig och inkluderande när de söker input och inköp från teammedlemmar, eller mer stödjande och empatisk när de coachar och utvecklar sina teammedlemmar. Nyckeln är att vara flexibel och öppen, och att vara villig att anpassa ditt tillvägagångssätt efter behov för att uppnå bästa möjliga resultat.

Naturligtvis handlar ledarskap inte bara om stil – det handlar också om substans. Oavsett vilken ledarstil du drar dig mot är de mest effektiva ledarna de som leder med integritet, autenticitet och en genuin önskan att tjäna och stödja sina teammedlemmar. De kan inspirera och motivera andra, bygga förtroende och relationer och skapa en gemensam känsla av syfte och vision som driver deras team mot framgång.

Okej, låt oss avsluta det här. Ledarskapsstilar är lika olika och varierande som de individer som utövar dem. Genom att förstå styrkorna och svagheterna hos olika ledarstilar och vara villig att anpassa ditt förhållningssätt för att passa situationens behov och de individer du leder, kan du bli en mer effektiv och slagkraftig ledare. Så låt oss omfamna mångfalden av ledarskapsstilar, finslipa våra färdigheter och fortsätta att växa och utvecklas på vår resa mot framgång. Framtiden är vår att forma.

Emotionell intelligens: nyckeln till effektivt ledarskap och personlig tillväxt

Okej, låt oss fördjupa oss i en av de mest väsentliga men ofta förbisedda aspekterna av ledarskap – emotionell intelligens. I en värld där tekniska färdigheter och expertis värderas högt, är det lätt att glömma vikten av emotionell intelligens för att driva framgång både personligt och professionellt. Så låt oss kavla upp ärmarna och utforska den djupgående inverkan som emotionell intelligens kan ha på ledarskap och personlig tillväxt.

Först till kvarn, låt oss definiera våra termer. Emotionell intelligens, ofta förkortat som EQ, hänvisar till förmågan att känna igen, förstå och hantera våra egna känslor, såväl som andras känslor. Den omfattar en rad färdigheter, inklusive självmedvetenhet, självreglering, empati och sociala färdigheter, som alla spelar en avgörande roll i effektivt ledarskap och mellanmänskliga relationer.

Så varför är emotionell intelligens så viktig? Tja, för det första är det viktigt för att bygga starka, förtroendefulla relationer med andra. Ledare som besitter höga nivåer av emotionell intelligens är bättre i stånd att få kontakt med sina teammedlemmar, förstå deras behov och bekymmer och bygga upp relationer och förtroende. Detta leder i sin tur till större engagemang, samarbete och engagemang från deras teammedlemmar, vilket i slutändan leder till bättre prestanda och resultat.

Men emotionell intelligens handlar inte bara om att bygga relationer – det handlar också om självmedvetenhet och självreglering. Ledare som har höga nivåer av emotionell intelligens är bättre på att förstå sina egna känslor, styrkor och svagheter och hantera dem effektivt. De kan förbli lugna och lyhörda i pressade situationer, fatta rationella beslut baserade på logik snarare än känslor, och studsar snabbt tillbaka från motgångar och misslyckanden.

En av nyckelkomponenterna i emotionell intelligens är empati – förmågan att förstå och dela andras känslor. Ledare som besitter höga nivåer av empati kan bättre sätta sig i sina teammedlemmars skor, förstå deras perspektiv och bekymmer och svara med medkänsla och förståelse. Detta skapar en stödjande och inkluderande arbetsmiljö där alla känner sig värderade, respekterade och hörda.

En annan viktig aspekt av emotionell intelligens är sociala färdigheter – förmågan att navigera i sociala situationer och bygga positiva relationer med andra. Ledare som besitter höga nivåer av social kompetens är effektiva kommunikatörer, kan uttrycka sig tydligt och säkert och lyssna aktivt på andra. De är skickliga på att lösa konflikter och hantera svåra samtal, och de vet hur de ska motivera och inspirera sina teammedlemmar att nå sina mål.

Okej, låt oss prata om emotionell intelligenss roll i ledarskap. Även om tekniska färdigheter och expertis verkligen är viktiga för framgång i ledarroller, är emotionell intelligens lika – om inte viktigare – viktig. Ledare som besitter höga nivåer av emotionell intelligens är bättre på att inspirera och motivera sina teammedlemmar, bygga starka, sammanhållna team och navigera i komplexiteten i mellanmänskliga relationer. De kan anpassa sig till förändringar, hantera motgångar och leda med empati, integritet och autenticitet.

Men emotionell intelligens är inte bara viktigt för ledare – det är viktigt för alla. Oavsett om du är chef, en gruppmedlem eller en enskild bidragsgivare, kan en hög nivå av emotionell intelligens hjälpa dig att lyckas på alla områden i ditt liv. Det kan hjälpa dig att bygga starka, stödjande relationer med andra, navigera i utmaningar och motgångar med nåd och motståndskraft och uppnå dina mål med självförtroende och beslutsamhet.

Okej, låt oss avsluta det här. Emotionell intelligens är ett kraftfullt verktyg för att driva framgång både personligt och professionellt. Genom att utveckla vår självmedvetenhet, självreglering, empati och sociala färdigheter kan vi bli mer effektiva ledare, bygga starkare relationer med andra och uppnå större framgång inom alla områden av våra liv. Så låt oss omfamna kraften i emotionell intelligens, finslipa våra färdigheter och fortsätta att växa och utvecklas på vår resa mot framgång. Framtiden är ljus!

Delegering: Bemyndiga andra, maximera effektiviteten och uppnå framgång

Okej, låt oss dyka in i en av de viktigaste färdigheterna för effektivt ledarskap – delegering. I dagens snabba och komplexa värld kan ingen ledare göra det ensam. Delegering är nyckeln till att stärka dina teammedlemmar, maximera effektiviteten och nå framgång. Så låt oss kavla upp ärmarna och utforska alla detaljer med delegering, från varför det är viktigt till hur man gör det effektivt.

Först till kvarn, låt oss definiera våra termer. Delegering är processen att anförtro uppgifter, ansvar och befogenheter till andra. Det handlar om att ge dina teammedlemmar möjlighet att ta ansvar för sitt arbete, fatta beslut självständigt och bidra till framgången för teamet och organisationen. Men delegering handlar inte bara om att avlasta uppgifter – det handlar också om att förbereda dina teammedlemmar för framgång, ge stöd och vägledning när det behövs, och i slutändan uppnå bättre resultat tillsammans än ni skulle kunna ensamma.

Så varför är delegering så viktig? Tja, för det första är det viktigt för att maximera effektiviteten och produktiviteten. Som ledare är din tid och energi begränsade resurser, och du kan helt enkelt inte göra allt själv. Med delegering kan du fokusera på högprioriterade uppgifter och strategiska initiativ, samtidigt som dina teammedlemmar får möjlighet att hantera det dagliga ansvaret och detaljerna. Detta frigör inte bara din tid och energi utan tillåter också dina teammedlemmar att utveckla nya färdigheter, skaffa värdefull erfarenhet och växa professionellt.

Men delegering handlar om mer än bara effektivitet – det handlar också om att bygga förtroende och stärka dina teammedlemmar. När du delegerar uppgifter och ansvar till dina teammedlemmar, sänder du dem ett kraftfullt meddelande om att du litar på dem och tror på deras förmågor. Detta i sin tur stärker deras självförtroende och moral, främjar en känsla av ägarskap och ansvarighet och leder i slutändan till större engagemang, engagemang och lojalitet från dina teammedlemmar.

Okej, så nu när vi har fastställt varför delegering är viktigt, låt oss prata om hur man gör det effektivt. Effektiv delegering börjar med att förstå dina teammedlemmars styrkor, svagheter och förmågor. Ta dig tid att utvärdera deras färdigheter, kunskaper och erfarenheter och identifiera uppgifter och ansvarsområden som är i linje med deras förmågor och intressen. Se till att ge tydliga instruktioner och förväntningar, och kommunicera öppet och transparent om deadlines, prioriteringar och mål.

Men effektiv delegering handlar om mer än att bara lämna över uppgifter – det handlar också om att ge stöd och vägledning på vägen. Var tillgänglig för att svara på frågor, ge feedback och ge hjälp när det behövs. Uppmuntra dina teammedlemmar att ta ansvar för sitt arbete, fatta beslut självständigt och lösa problem kreativt. Och se till att erkänna och fira deras prestationer, både stora och små, för att visa dem att deras ansträngningar inte har gått obemärkt förbi.

En effektiv delegering kräver naturligtvis också tillit – både till dig själv och dina teammedlemmar. Lita på dig själv att släppa kontrollen och låt dina teammedlemmar ta tyglarna. Lita på att dina teammedlemmar tar sig an tillfället och levererar resultat. Och om misstag inträffar på vägen – vilket de oundvikligen kommer att göra – lita på dig själv och dina teammedlemmar att lära av dem, växa och förbättras.

Men hur är det med mikrohantering, kanske du frågar dig? Tja, effektiv delegering är motgiften mot mikrohantering. När du delegerar uppgifter och ansvar till dina teammedlemmar, ger du dem friheten och autonomin att göra sitt bästa arbete utan ständig tillsyn och inblandning. Detta främjar inte bara en kultur av förtroende och bemyndigande utan låter dig också fokusera på högre prioriteringar och strategiska initiativ.

Okej, låt oss prata om fördelarna med delegering. När den görs effektivt kan delegering leda till ett brett utbud av fördelar för både dig och dina teammedlemmar. Det frigör din tid och energi att fokusera på högprioriterade uppgifter och strategiska initiativ. Det ger dina teammedlemmar möjlighet att ta ansvar för sitt arbete, utveckla nya färdigheter och växa professionellt. Det bygger förtroende, moral och engagemang inom ditt team. Och i slutändan leder det till bättre resultat och större framgång för teamet och organisationen som helhet.

Naturligtvis är delegering inte alltid lätt. Det kräver en vilja att släppa kontrollen, lita på dig själv och dina teammedlemmar och ett åtagande att ge stöd och vägledning längs vägen. Men med övning och uthållighet kan du bemästra konsten att delegera och låsa upp dess fulla potential för att stärka dina teammedlemmar, maximera effektiviteten och nå framgång. Så låt oss kavla upp ärmarna, börja jobba och börja delegera som ett proffs. Framtiden är vår att skapa.

Tidshantering: Bemästra konsten att produktivitet, balans och framgång

Okej, låt oss dyka in i en av de viktigaste färdigheterna för att navigera i den snabba och krävande värld vi lever i – tidshantering. I dagens värld, där distraktioner finns i överflöd och kraven är höga, är effektiv tidshantering nyckeln till att bemästra produktiviteten, hitta balans och nå framgång. Så låt oss kavla upp ärmarna och utforska alla detaljer med tidshantering, från varför det är viktigt till hur man gör det effektivt.

Först till kvarn, låt oss definiera våra termer. Tidshantering är processen att planera, organisera och kontrollera hur du spenderar din tid för att maximera produktiviteten och uppnå dina mål. Det handlar om att prioritera, få ut det mesta av din tid och hitta balans mellan arbete, privatliv och andra ansvarsområden. Men tidshantering handlar inte bara om att vara upptagen – det handlar också om att vara produktiv och uppnå meningsfulla resultat.

Så varför är tidshantering så viktig? Tja, för det första är det viktigt för att maximera produktiviteten. I en värld där det aldrig finns tillräckligt med timmar på dygnet, ger effektiv tidshantering dig möjlighet att få ut det mesta av din tid och åstadkomma mer på kortare tid. Genom att prioritera, hålla fokus och minimera distraktioner kan du ta itu med dina viktigaste uppgifter och göra framsteg mot dina mål mer effektivt.

Men tidshantering handlar om mer än bara produktivitet – det handlar också om att hitta balans. I dagens snabba värld är det lätt att känna sig överväldigad och utbränd av de ständiga kraven på vår tid och energi. Effektiv tidshantering låter dig skapa utrymme för de saker som betyder mest – oavsett om det är att umgås med nära och kära, utöva hobbyer och intressen eller helt enkelt ta hand om dig själv. Genom att sätta gränser, hantera din tid effektivt och ta dig tid för de saker som ger dig glädje och tillfredsställelse kan du uppnå en större känsla av balans och välbefinnande i ditt liv.

Okej, så nu när vi har fastställt varför tidshantering är viktigt, låt oss prata om hur man gör det effektivt. Effektiv tidshantering börjar med att sätta tydliga mål och prioriteringar. Ta dig tid att identifiera dina viktigaste mål och mål, både kortsiktiga och långsiktiga, och prioritera dem utifrån deras betydelse och brådska. Detta hjälper dig att fokusera din tid och energi på de saker som betyder mest och undvika att fastna i mindre viktiga uppgifter och distraktioner.

När du har bestämt dina prioriteringar är det dags att skapa en plan. Dela upp dina mål i mindre, mer hanterbara uppgifter och skapa ett schema eller att göra-lista för att hjälpa dig att hålla rätt spår. Var realistisk om hur mycket tid du har tillgänglig och hur lång tid uppgifterna kommer att ta, och se till att bygga i tid för raster och vila. Kom ihåg att det är viktigt att ta fart på dig själv och undvika att överbelasta ditt schema, eftersom detta kan leda till utbrändhet och minskad produktivitet i det långa loppet.

Men effektiv tidshantering handlar inte bara om planering – det handlar också om utförande. Håll dig fokuserad och disciplinerad och motstå frestelsen att skjuta upp eller bli distraherad av mindre viktiga uppgifter. Om du märker att du hamnar av spåret, ta en stund att fokusera och påminn dig själv om dina prioriteringar. Använd verktyg och tekniker som Pomodoro-tekniken, tidsblockering eller Eisenhower-matrisen för att hjälpa dig att hålla dig organiserad och produktiv.

Effektiv tidshantering kräver förstås också självkännedom och självreglering. Var uppmärksam på dina energinivåer och arbetsvanor och justera ditt schema och rutin därefter. Var villig att säga nej till uppgifter och åtaganden som inte stämmer överens med dina prioriteringar eller värderingar, och var proaktiv när det gäller att sätta gränser och skydda din tid. Och se till att ta hand om dig själv –

få tillräckligt med sömn, ät bra, träna regelbundet och ta tid för avkoppling och egenvård.

Okej, låt oss prata om fördelarna med effektiv tidshantering. När det görs på ett effektivt sätt kan tidshantering leda till ett brett utbud av fördelar för både ditt personliga och professionella liv. Det låter dig åstadkomma mer på kortare tid, minska stress och överväldigande, och uppnå en större känsla av balans och välbefinnande. Det hjälper dig att göra framsteg mot dina mål och uppfylla din potential, både personligt och professionellt. Och i slutändan leder det till större framgång och tillfredsställelse inom alla områden av ditt liv.

Naturligtvis är tidshantering inte en lösning som passar alla – det är en resa av självupptäckt och ständiga förbättringar. Det kräver övning, tålamod och uthållighet att bemästra, men belöningarna är väl värda ansträngningen. Så låt oss kavla upp ärmarna, börja jobba och börja bemästra konsten att hantera tid. Framtiden är vår att skapa.

Hantera förändring: Navigera i transformationens vindar med motståndskraft och anpassningsförmåga

Okej, låt oss ge oss ut på en resa in i en av de mest utmanande men oundvikliga aspekterna av livet och affärerna – att hantera förändring. I dagens snabba och ständigt föränderliga värld är förändringen konstant, och vår förmåga att navigera i den med motståndskraft och anpassningsförmåga är avgörande för framgång. Så låt oss kavla upp ärmarna och utforska detaljerna i att hantera förändring, från varför det är viktigt till hur man gör det effektivt.

Först till kvarn, låt oss definiera våra termer. Att hantera förändring är processen att vägleda individer, team och organisationer genom övergångar, transformationer och omvälvningar. Det handlar om att hjälpa människor att förstå varför förändring är nödvändig, anpassa sig till nya sätt att tänka och arbeta och omfamna de möjligheter som förändring kan ge. Men att hantera förändring handlar inte bara om att reagera på yttre krafter – det handlar också om att proaktivt forma och driva förändring för att uppnå önskade resultat och mål.

Så varför är det så viktigt att hantera förändring? För en sak är förändring oundviklig. I dagens snabbt utvecklande värld måste organisationer ständigt anpassa sig och förnya sig för att ligga steget före och förbli konkurrenskraftiga. Oavsett om det handlar om tekniska framsteg, förändringar på marknaden, förändringar i regelverk eller störningar i branschen, riskerar organisationer som inte anpassar sig till förändringar att hamna på efterkälken. Effektiv förändringshantering tillåter organisationer att förutse, reagera på och dra nytta av förändringar, snarare än att bli förblindade av dem.

Men att hantera förändring handlar om mer än bara överlevnad – det handlar också om att frodas inför osäkerhet. Förändring kan vara utmanande och störande, men det kan också vara en möjlighet till tillväxt, innovation och transformation. Genom att omfamna förändring med ett öppet sinne och en positiv attityd kan organisationer låsa upp nya möjligheter, avslöja dolda styrkor och uppnå genombrott som inte skulle ha varit möjliga annars. Med andra ord, förändring är inte bara något som ska hanteras – det är något som ska omfamnas och utnyttjas för större framgång.

Okej, så nu när vi har fastställt varför det är viktigt att hantera förändring, låt oss prata om hur man gör det effektivt. Effektiv förändringsledning börjar med kommunikation och transparens. Var öppen och ärlig med dina teammedlemmar om behovet av förändring, orsakerna bakom det och den potentiella inverkan det kommer att ha. Skapa möjligheter till dialog och feedback, och involvera dina teammedlemmar i förändringsprocessen så mycket som möjligt. Detta kommer att bidra till att bygga upp förtroende och buy-in, och minska motståndet mot förändring.

När du har kommunicerat behovet av förändring är det dags att skapa en plan. Identifiera dina mål och mål, utveckla en färdplan för hur du ska uppnå dem och fördela resurser och ansvar därefter. Var noga med att sätta tydliga förväntningar och milstolpar, och regelbundet kommunicera framsteg och uppdateringar för att hålla alla informerade och engagerade. Och var beredd att vara flexibel och anpassa din plan efter behov som svar på feedback och förändrade omständigheter.

Men effektiv förändringsledning handlar inte bara om planering – det handlar också om genomförande. Håll dig fokuserad och disciplinerad och var beredd att kavla upp ärmarna och börja jobba. Var proaktiv när det gäller att ta itu med utmaningar och hinder när de uppstår, och ge stöd och uppmuntran till dina teammedlemmar när de navigerar i övergången. Och se till att fira framgångar och milstolpar längs vägen, för att hålla moralen hög och farten uppe.

Effektiv förändringsledning kräver förstås också empati och medkänsla. Förändringar kan vara oroande och störande, och det är naturligt för människor att känna sig oroliga, osäkra eller motståndskraftiga. Ha tålamod och förstående och ta dig tid att lyssna på dina teammedlemmars oro och ta itu med dem med empati och medkänsla. Ge möjligheter till stöd och utbildning för att hjälpa dina teammedlemmar att bygga upp de färdigheter och det självförtroende de behöver för att navigera i förändringen framgångsrikt.

Okej, låt oss prata om fördelarna med effektiv förändringsledning. När det görs på ett effektivt sätt kan förändringshantering leda till ett brett utbud av fördelar för både organisationer och individer. Det tillåter organisationer att anpassa sig och förnya sig som svar på förändrade omständigheter, förbli smidig och motståndskraftig inför osäkerhet och uppnå sina mål och mål mer effektivt. Det hjälper individer att bygga motståndskraft och anpassningsförmåga, utveckla nya färdigheter och förmågor och växa både personligt och professionellt. Och i slutändan leder det till större framgång, tillfredsställelse och tillfredsställelse för alla inblandade.

Naturligtvis är förändringshantering inte lätt – det kräver tålamod, uthållighet och en vilja att omfamna osäkerhet och tvetydighet. Men med rätt tänkesätt, förhållningssätt och stöd kan organisationer och individer navigera framgångsrikt i förändringar och framträda starkare, mer motståndskraftiga och smidigare än någonsin tidigare. Så låt oss kavla upp ärmarna, börja jobba och anamma förändring som en möjlighet till tillväxt och transformation. Framtiden är vår att forma.

Hantera svåra samtal: Navigera i utmaningar med empati, tydlighet och respekt

Okej, låt oss dyka in i en av de mest utmanande men ändå väsentliga aspekterna av kommunikation – att hantera svåra konversationer. Oavsett om det handlar om att ge konstruktiv feedback, ta itu med prestationsproblem eller att navigera i konflikter, är svåra samtal en oundviklig del av livet och arbetet. Men med rätt inställning och tänkesätt kan vi navigera i dessa samtal med empati, tydlighet och respekt. Så låt oss kavla upp ärmarna och utforska detaljerna i att hantera svåra konversationer, från varför de är viktiga till hur man gör det effektivt.

Först till kvarn, låt oss definiera våra termer. Svåra samtal är samtal som involverar att ta upp känsliga eller utmanande ämnen, som konflikter, meningsskiljaktigheter eller prestationsproblem. Dessa samtal kan vara obekväma eller besvärliga, och de kräver ofta noggrann planering, förberedelse och kommunikation. Men svåra samtal handlar inte bara om att leverera dåliga nyheter eller att lösa konflikter – de är också en möjlighet till tillväxt, förståelse och lösning.

Så varför är svåra samtal så viktiga? Tja, dels är de viktiga för att bygga starka, sunda relationer. Oavsett om det är med en kollega, en gruppmedlem, en vän eller en älskad, låter svåra samtal oss ta itu med problem, uttrycka oro och arbeta igenom utmaningar tillsammans. Genom att ha modet att ha dessa samtal kan vi stärka våra relationer, bygga förtroende och relationer och främja en kultur av öppenhet och ärlighet.

Men svåra samtal är också viktiga för personlig och professionell utveckling. De låter oss lära av våra misstag, få feedback och identifiera förbättringsområden. Genom att ha modet att ha dessa samtal kan vi bli mer självmedvetna, utveckla starkare kommunikationsförmåga och bli bättre rustade att navigera i framtida utmaningar och konflikter.

Okej, så nu när vi har fastställt varför svåra konversationer är viktiga, låt oss prata om hur man hanterar dem effektivt. Effektiv kommunikation börjar med förberedelser. Ta dig tid att planera vad du vill säga, samt hur du vill säga det. Tänk på den andra personens perspektiv och förutse hur de kan reagera. Tänk på dina mål för samtalet och vilket resultat du hoppas uppnå. Genom att förbereda dig i förväg kan du närma dig samtalet med tillförsikt och tydlighet.

När du är förberedd är det dags att ha samtalet. Välj en tid och plats som bidrar till en öppen och ärlig dialog, och skapa en säker och stödjande miljö för samtalet. Var noga med att lyssna aktivt på den andres perspektiv, och visa empati och förståelse för dennes synvinkel. Var ärlig och direkt i din kommunikation, men var också respektfull och taktfull i hur du levererar ditt budskap.

Under konversationen, se till att hålla fokus på den aktuella frågan och undvik att bli slingrad av personliga attacker eller irrelevanta detaljer. Håll dig till fakta och ge specifika exempel för att stödja dina poänger. Se till att uttrycka dina känslor och bekymmer öppet och ärligt, men var också villig att lyssna på den andra personens perspektiv och validera även deras känslor.

Men att hantera svåra samtal handlar inte bara om vad du säger – det handlar också om hur du säger det. Var uppmärksam på ditt tonfall, kroppsspråk och ansiktsuttryck och sträva efter att kommunicera med empati, tydlighet och respekt. Var uppmärksam på dina känslor och ta en paus om du behöver samla dig innan du fortsätter samtalet. Och var beredd att hantera dina egna reaktioner och reaktioner, och förbli lugn och beredd även inför konflikter eller motstånd.

Naturligtvis kan svåra samtal vara känslomässigt utmanande, och det är naturligt att känna sig orolig eller obekväm över att ha dem. Men med övning och erfarenhet kan du bli mer säker och effektiv på att hantera dem. Kom ihåg att svåra samtal är en möjlighet till tillväxt och lärande, både för dig och den andra inblandade. Genom att närma dig dem med empati, tydlighet och respekt kan du navigera i dem framgångsrikt och uppnå positiva resultat för alla inblandade.

Okej, låt oss prata om fördelarna med att hantera svåra konversationer effektivt. När de görs väl kan svåra samtal leda till en mängd fördelar för både individer och organisationer. De kan hjälpa till att lösa konflikter, förbättra kommunikationen och stärka relationer. De kan leda till större förståelse, empati och samarbete. Och de kan i slutändan leda till bättre resultat och större framgång för alla inblandade.

Att hantera svåra samtal effektivt kräver naturligtvis mod, medkänsla och skicklighet. Men med rätt tillvägagångssätt och tänkesätt kan du navigera framgångsrikt i dem och uppnå positiva resultat. Så låt oss kavla upp ärmarna, börja jobba och anamma svåra samtal som en möjlighet till tillväxt, förståelse och upplösning. Framtiden är vår att skapa.

Konfliktlösning: Förvandla utmaningar till möjligheter till tillväxt och samarbete

Okej, låt oss fördjupa oss i en av de mest kritiska men ofta utmanande aspekterna av mellanmänskliga relationer – konfliktlösning. I både personliga och professionella miljöer är konflikter oundvikliga. Hur vi närmar oss och löser dessa konflikter kan dock göra stor skillnad när det gäller att upprätthålla sunda relationer och uppnå ömsesidig förståelse och tillväxt. Så låt oss kavla upp ärmarna och utforska alla detaljer i konfliktlösning, från varför det är viktigt till hur man gör det effektivt.

Först till kvarn, låt oss definiera våra termer. Konfliktlösning är processen att ta itu med och lösa tvister eller meningsskiljaktigheter mellan individer eller grupper. Det handlar om att identifiera de underliggande problemen, förstå perspektiven för alla inblandade parter och hitta ömsesidigt acceptabla lösningar för att lösa konflikten. Men konfliktlösning handlar inte bara om att sätta stopp för konflikter – det handlar också om att främja kommunikation, bygga förtroende och stärka relationer.

Så varför är konfliktlösning så viktigt? Jo, för det första kan konflikter ha en skadlig inverkan på relationer, produktivitet och moral. Olösta konflikter kan leda till förbittring, fientlighet och sammanbrott i kommunikationen, vilket i slutändan kan undergräva förtroende och samarbete inom team och organisationer. Effektiv konfliktlösning gör att vi kan ta itu med frågor och skillnader på ett konstruktivt sätt, snarare än att tillåta dem att försvagas och eskalera.

Men konfliktlösning är också viktigt för personlig och professionell utveckling. Konflikt kan vara en möjlighet för lärande och tillväxt, eftersom det tvingar oss att konfrontera olikheter, utmana antaganden och överväga alternativa perspektiv. Genom att närma oss konflikter med ett öppet sinne och en vilja att lyssna och lära, kan vi få värdefulla insikter om oss själva och andra, och bli mer motståndskraftiga, anpassningsbara och empatiska som ett resultat.

Okej, så nu när vi har fastställt varför konfliktlösning är viktigt, låt oss prata om hur man gör det effektivt. Effektiv konfliktlösning börjar med kommunikation. Skapa en säker och stödjande miljö för dialog och uppmuntra alla inblandade parter att uttrycka sina tankar, känslor och bekymmer öppet och ärligt. Var noga med att lyssna aktivt på vad andra har att säga, och sträva efter att förstå deras perspektiv och motiv.

När du har identifierat de underliggande problemen och perspektiven är det dags att hitta en gemensam grund och arbeta mot en lösning. Fokusera på avtalsområden och delade intressen, och leta efter win-win-lösningar som tillgodoser behoven och farhågorna hos alla inblandade parter. Var kreativ och flexibel när det gäller att utforska potentiella lösningar, och var villig att kompromissa och förhandla för att nå ett ömsesidigt acceptabelt resultat.

Men effektiv konfliktlösning handlar inte bara om att hitta en lösning – det handlar också om att reparera relationer och återuppbygga förtroende. Var villig att erkänna misstag och ta ansvar för dina handlingar, och var öppen för att erbjuda och ta emot ursäkter och förlåtelse. Var tålmodig och empatisk i dina interaktioner och var villig att investera den tid och ansträngning som krävs för att återuppbygga förtroende och reparera relationer.

Naturligtvis är konfliktlösning inte alltid lätt, och det är naturligt att känna sig orolig eller obekväm när det gäller att konfrontera olikheter och ta itu med konflikter. Men med övning och erfarenhet kan du bli mer självsäker och effektiv på att navigera i konflikter och hitta ömsesidigt acceptabla lösningar. Kom ihåg att konflikter är en möjlighet till tillväxt och lärande, både för dig och de andra inblandade parterna. Genom att närma dig dem med empati, tydlighet och respekt kan du vända utmaningar till möjligheter för tillväxt och samarbete.

Okej, låt oss prata om fördelarna med effektiv konfliktlösning. När konflikter löses effektivt kan de leda till en lång rad fördelar för både individer och organisationer. De kan stärka relationer, förbättra kommunikationen och främja tillit och samarbete. De kan leda till större förståelse, empati och respekt för andras perspektiv. Och de kan i slutändan leda till bättre resultat och större framgång för alla inblandade.

En effektiv konfliktlösning kräver naturligtvis mod, tålamod och skicklighet. Men med rätt inställning och tänkesätt kan du navigera i konflikter framgångsrikt och uppnå positiva resultat. Så låt oss kavla upp ärmarna, börja arbeta och anamma konfliktlösning som en möjlighet till tillväxt, förståelse och samarbete. Framtiden är vår att skapa.

Krishantering: Navigera i turbulenta vatten med motståndskraft och strategi

Okej, låt oss fördjupa oss i en av de mest kritiska aspekterna av ledarskap och organisatorisk framgång – krishantering. I dagens oförutsägbara värld kan kriser inträffa när som helst, från naturkatastrofer till ekonomiska nedgångar till PR-mardrömmar. Hur organisationer reagerar på dessa kriser kan göra stor skillnad i deras förmåga att klara stormen och komma fram starkare på andra sidan. Så låt oss kavla upp ärmarna och utforska detaljerna i krishantering, från varför det är viktigt till hur man gör det effektivt.

Först till kvarn, låt oss definiera våra termer. Krishantering är processen att förbereda sig för, reagera på och återhämta sig från kriser eller nödsituationer som hotar en organisations stabilitet, rykte eller livskraft. Det innebär att identifiera potentiella risker och sårbarheter, utveckla strategier och protokoll för att hantera kriser och mobilisera resurser och personal för att reagera effektivt när kriser inträffar. Men krishantering handlar inte bara om att reagera på nödsituationer – det handlar också om att proaktivt förbereda sig för dem och minimera deras påverkan.

Så varför är krishantering så viktig? Jo, för det första kan kriser ha en förödande inverkan på organisationer, från ekonomiska förluster till skada på rykte och juridiskt ansvar. Utan en effektiv krishantering på plats riskerar organisationer att bli överrumplade och dåligt förberedda att reagera på nödsituationer, vilket kan förvärra skadan och förlänga återhämtningsprocessen. Effektiv krishantering gör det möjligt för organisationer att förutse, förbereda sig för och reagera på kriser i rätt tid och samordnat, vilket minimerar deras påverkan och säkerställer en snabb och effektiv återhämtning.

Men krishantering är också viktigt för att bygga upp förtroende och förtroende bland intressenter. I kristider söker intressenter –

oavsett om de är anställda, kunder, investerare eller allmänheten – till organisationer för ledarskap, vägledning och trygghet. Genom att visa kompetens, transparens och ansvarighet i sina svar på kriser kan organisationer bygga förtroende och förtroende bland intressenter, stärka deras rykte och ta sig ur kriser med sin trovärdighet intakt.

Okej, så nu när vi har fastställt varför krishantering är viktigt, låt oss prata om hur man gör det effektivt. Effektiv krishantering börjar med förberedelser. Ta dig tid att identifiera potentiella risker och sårbarheter som kan hota din organisation, från naturkatastrofer till cybersäkerhetsintrång till störningar i leveranskedjan. Utveckla strategier och protokoll för att hantera dessa risker, och fastställa tydliga roller och ansvar för nyckelpersoner i händelse av en kris. Genomför regelbunden utbildning och övningar för att säkerställa att alla vet vad de ska göra i en nödsituation, och håll dina planer och protokoll uppdaterade när din organisation utvecklas och förändras.

När du väl har förberett dig för potentiella kriser är det viktigt att vara vaksam och proaktiv. Övervaka den yttre miljön efter tecken på nya hot eller sårbarheter och var beredd att anpassa dina planer och protokoll därefter. Upprätta tydliga kommunikationslinjer och beslutsfattande inom din organisation och se till att nyckelpersoner är tillgängliga och tillgängliga för att svara på nödsituationer med ett ögonblicks varsel. Och se till att bygga relationer och partnerskap med externa intressenter, såsom statliga myndigheter, räddningspersonal och samhällsorganisationer, för att säkerställa ett samordnat och effektivt svar på kriser.

Men effektiv krishantering handlar inte bara om förberedelser – det handlar också om kommunikation. I kristider är kommunikation nyckeln till att upprätthålla förtroende och förtroende bland intressenter, samt för att samordna ett snabbt och effektivt svar. Var transparent och ärlig i din kommunikation och ge aktuell och korrekt information till alla intressenter, både interna och externa. Var proaktiv när det gäller att ta itu med problem och frågor, och var villig att erkänna misstag och ta ansvar för dina handlingar. Och se till att använda en mängd olika kommunikationskanaler och plattformar för att nå olika målgrupper och se till att dina budskap hörs och förstås.

Naturligtvis är krishantering inte lätt, och det är naturligt att känna sig orolig eller överväldigad när man står inför en kris. Men med förberedelser, vaksamhet och effektiv kommunikation kan organisationer framgångsrikt navigera i kriser och komma fram starkare på andra sidan. Kom ihåg att kriser är en möjlighet för organisationer att visa sin motståndskraft, anpassningsförmåga och engagemang för sina intressenter. Genom att närma sig kriser med mod, kompetens och medkänsla kan organisationer inte bara överleva kriser utan även frodas inför motgångar.

Okej, låt oss prata om fördelarna med effektiv krishantering. När kriser hanteras effektivt kan organisationer minimera sin påverkan och säkerställa en snabb och effektiv återhämtning. De kan upprätthålla förtroende och förtroende bland intressenter, stärka deras rykte och komma ur kriser starkare och mer motståndskraftiga än någonsin tidigare. Och de kan i slutändan nå större framgång och hållbarhet på lång sikt.

Självklart kräver effektiv krishantering ledarskap, engagemang och samarbete på alla nivåer i en organisation. Men med rätt förhållningssätt och tänkesätt kan organisationer navigera kriser framgångsrikt och komma fram starkare på andra sidan. Så låt oss kavla upp ärmarna, börja arbeta och anamma krishantering som en möjlighet till tillväxt, motståndskraft och framgång. Framtiden är vår att skapa.

Skapa en produktiv arbetsmiljö: odla kultur, samarbete och välbefinnande

Okej, låt oss dyka in i en av de viktigaste aspekterna av organisatorisk framgång – att skapa en produktiv arbetsmiljö. I dagens snabba och konkurrensutsatta värld beror framgången för en organisation ofta på dess förmåga att främja en kultur av produktivitet, samarbete och välbefinnande bland sina anställda. Så låt oss kavla upp ärmarna och utforska alla detaljer för att skapa en produktiv arbetsmiljö, från varför det är viktigt till hur man gör det effektivt.

Först till kvarn, låt oss definiera våra termer. En produktiv arbetsmiljö är en där anställda kan prestera på sitt bästa, samarbeta effektivt med sina kollegor och uppnå sina mål och mål. Det är en miljö som främjar kreativitet, innovation och engagemang, och som stödjer de anställdas fysiska, känslomässiga och mentala välbefinnande. Men att skapa en produktiv arbetsmiljö handlar inte bara om att tillhandahålla rätt verktyg och resurser – det handlar också om att odla en kultur som värdesätter och stödjer produktivitet och välbefinnande.

Så varför är det så viktigt att skapa en produktiv arbetsmiljö? Tja, för det första är det viktigt för att attrahera och behålla topptalanger. På dagens konkurrensutsatta arbetsmarknad letar anställda alltmer efter arbetsplatser som erbjuder mer än bara en lönecheck – de vill arbeta för organisationer som värdesätter deras bidrag, stödjer deras tillväxt och utveckling och ger en positiv och tillfredsställande arbetsmiljö. Genom att skapa en produktiv arbetsmiljö kan organisationer attrahera och behålla topptalanger, minska omsättningen och i slutändan nå större framgång och hållbarhet på lång sikt.

Men att skapa en produktiv arbetsmiljö är också viktigt för att driva organisationens prestation och framgång. Produktiva medarbetare är mer engagerade, motiverade och engagerade i sitt arbete, vilket leder till högre prestationsnivåer, innovation och kundnöjdhet. Genom att främja en kultur av produktivitet och samarbete kan organisationer utnyttja den fulla potentialen hos sina anställda och uppnå bättre resultat snabbare.

Okej, så nu när vi har fastställt varför det är viktigt att skapa en produktiv arbetsmiljö, låt oss prata om hur man gör det effektivt. Effektiv produktivitet börjar med kultur. Skapa en kultur som värdesätter och belönar hårt arbete, innovation och samarbete, och som stödjer det fysiska, känslomässiga och mentala välbefinnandet hos sina anställda. Främja öppen kommunikation och transparens och uppmuntra feedback och input från alla nivåer i organisationen. Genom att skapa en kultur av tillit, respekt och ansvarsskyldighet kan organisationer ge sina anställda möjlighet att prestera på sitt bästa och uppnå sin fulla potential.

När du väl har etablerat en produktivitetskultur är det viktigt att tillhandahålla rätt verktyg och resurser för att stödja dina anställdas framgång. Investera i utbildnings- och utvecklingsprogram för att hjälpa anställda att bygga upp de färdigheter och förmågor de behöver för att lyckas i sina roller. Ge tillgång till teknik och resurser som gör det möjligt för anställda att arbeta effektivt och samarbeta, oavsett om de är på kontoret, arbetar på distans eller är på språng. Och se till att skapa fysiska arbetsytor som främjar produktiviteten, med mycket naturligt ljus, bekväma möbler och utrymmen för samarbete och koncentration.

Men att skapa en produktiv arbetsmiljö handlar inte bara om den fysiska miljön – det handlar också om att stödja dina anställdas välbefinnande. Inse att anställda är människor med liv utanför arbetet, och sträva efter att skapa en kultur som stödjer balans mellan arbete och privatliv och flexibilitet. Erbjud förmåner och program som främjar fysiskt, känslomässigt och mentalt välbefinnande, såsom flexibla arbetstider, friskvårdsprogram och tillgång till resurser för mental hälsa. Och se till att föregå med gott exempel genom att prioritera ditt eget välbefinnande och modellera hälsosamma arbetsvanor för dina anställda.

Att skapa en produktiv arbetsmiljö är naturligtvis inte en engångsföreteelse – det är en pågående resa för ständiga förbättringar. Var öppen för feedback och input från dina anställda, och var villig att göra justeringar och förändringar efter behov för att bättre stödja deras behov och preferenser. Och se till att fira framgångar och milstolpar längs vägen, för att erkänna och belöna dina anställdas hårda arbete och bidrag.

Okej, låt oss prata om fördelarna med att skapa en produktiv arbetsmiljö. När organisationer skapar en produktiv arbetsmiljö kan de uppnå en lång rad fördelar för både anställda och organisationen som helhet. Produktiva medarbetare är mer engagerade, motiverade och engagerade i sitt arbete, vilket leder till högre prestationsnivåer, innovation och kundnöjdhet. Organisationer kan attrahera och behålla topptalanger, minska omsättningen och i slutändan uppnå större framgång och hållbarhet på lång sikt. Och anställda kan njuta av större arbetstillfredsställelse, tillfredsställelse och välbefinnande, vilket leder till en gladare och friskare arbetsstyrka överlag.

Att skapa en produktiv arbetsmiljö kräver naturligtvis ledarskap, engagemang och samarbete på alla nivåer i en organisation. Men med rätt förhållningssätt och tänkesätt kan organisationer skapa en arbetsmiljö där anställda kan trivas och lyckas. Så låt oss kavla upp ärmarna, börja jobba och skapa en produktiv arbetsmiljö som stödjer framgång och välmående för alla inblandade. Framtiden är vår att skapa.

Processförbättring: Förbättring av effektivitet, kvalitet och innovation

Okej, låt oss dyka in i en av de viktigaste aspekterna av organisatorisk framgång – processförbättring. I dagens snabbt föränderliga och konkurrensutsatta affärsmiljö måste organisationer ständigt sträva efter att förbättra sin effektivitet, kvalitet och innovation för att ligga steget före och förbli konkurrenskraftiga. Så låt oss kavla upp ärmarna och utforska detaljerna i processförbättringar, från varför det är viktigt till hur man gör det effektivt.

Först till kvarn, låt oss definiera våra termer. Processförbättring är den pågående ansträngningen att identifiera, analysera och förbättra processerna och arbetsflödena inom en organisation för att uppnå bättre resultat, oavsett om det gäller ökad effektivitet, högre kvalitet, minskade kostnader eller större innovation. Det handlar om att systematiskt identifiera möjligheter till förbättringar, implementera förändringar och innovationer samt att övervaka och mäta effekterna av dessa förändringar över tid. Men processförbättring handlar inte bara om att göra stegvisa justeringar – det handlar också om att utmana status quo och driva på meningsfull förändring för att uppnå genombrottsresultat.

Så varför är processförbättring så viktig? Tja, för det första är det viktigt för att förbli konkurrenskraftig i dagens snabba affärsvärld. Allt eftersom tekniken går framåt och kundernas förväntningar utvecklas, måste organisationer ständigt anpassa sig och förnya sig för att möta sina kunders förändrade behov och krav. Processförbättringar gör det möjligt för organisationer att effektivisera sin verksamhet, eliminera slöseri och ineffektivitet och leverera produkter och tjänster av högre kvalitet snabbare och mer kostnadseffektivt. Genom att kontinuerligt förbättra sina processer kan organisationer ligga före konkurrenterna och behålla sin konkurrensfördel på marknaden.

Men processförbättring är också viktig för att driva innovation och tillväxt. Genom att utmana status quo och uppmuntra kreativitet och experimenterande kan organisationer upptäcka nya idéer, möjligheter och lösningar som driver innovation och tillväxt. Processförbättring tillåter organisationer att bryta ner silos, främja samarbete och skapa en kultur av kontinuerligt lärande och förbättringar. Genom att ge anställda möjlighet att ta ansvar för sitt arbete och bidra med sina idéer och insikter, kan organisationer utnyttja den fulla potentialen hos sin arbetsstyrka och driva på meningsfull förändring och innovation.

Okej, så nu när vi har fastställt varför processförbättring är viktigt, låt oss prata om hur man gör det effektivt. Effektiv processförbättring börjar med ett engagemang för kontinuerligt lärande och förbättring. Uppmuntra anställda på alla nivåer i organisationen att aktivt söka efter möjligheter till förbättringar och att utmana status quo. Skapa en kultur som värdesätter och belönar innovation, kreativitet och samarbete, och tillhandahåll de verktyg, resurser och stöd som krävs för att driva en meningsfull förändring.

När du har identifierat möjligheter till förbättringar är det viktigt att närma dig dem systematiskt och strategiskt. Börja med att definiera tydliga mål och mål för förbättringsarbetet, och upprätta nyckelprestandaindikatorer (KPI:er) för att mäta framsteg och framgång. Samla sedan in data och information för att förstå processens nuvarande tillstånd, inklusive dess styrkor, svagheter och förbättringsområden. Använd verktyg och tekniker som processkartläggning, grundorsaksanalys och benchmarking för att identifiera möjligheter till förbättringar och prioritera dem baserat på deras potentiella inverkan och genomförbarhet.

När du har identifierat möjligheter till förbättringar är det dags att implementera förändringar och innovationer. Se till att involvera nyckelintressenter och ämnesexperter i processen, och kommunicera öppet och transparent om de förändringar som görs och skälen bakom dem. Ge utbildning och stöd för att hjälpa anställda att anpassa sig till förändringarna, och var beredd att upprepa och förfina processen baserat på feedback och lärdomar.

Processförbättring är förstås inte bara en engångsinsats – det är en pågående resa av kontinuerligt lärande och förbättring. Var noga med att övervaka och mäta effekterna av förändringarna över tid, och var beredd att göra justeringar och finjusteringar efter behov för att uppnå önskade resultat. Och se till att fira framgångar och milstolpar längs vägen, för att erkänna och belöna det hårda arbetet och bidragen från alla inblandade.

Okej, låt oss prata om fördelarna med effektiv processförbättring. När det görs effektivt kan processförbättringar leda till en mängd fördelar för både organisationer och individer. Det kan förbättra effektivitet, kvalitet och innovation, vilket leder till bättre produkter och tjänster, minskade kostnader och ökad kundnöjdhet. Det kan driva tillväxt och konkurrenskraft, hjälpa organisationer att ligga före kurvan och förbli relevanta i dagens snabbt föränderliga affärsmiljö. Och det kan stärka anställda, främja samarbete och skapa en kultur av kontinuerligt lärande och förbättringar, vilket leder till större arbetstillfredsställelse, tillfredsställelse och välbefinnande.

Självklart kräver effektiv processförbättring ledarskap, engagemang och samarbete på alla nivåer i en organisation. Men med rätt inställning och tänkesätt kan organisationer driva på meningsfull förändring och uppnå genombrottsresultat. Så låt oss kavla upp ärmarna, börja arbeta och anamma processförbättringar som en katalysator för tillväxt, innovation och framgång. Framtiden är vår att skapa.

Målsättning och spårning: Navigera mot framgång med tydlighet och ansvarstagande

Okej, låt oss ge oss ut på en resa till en av de mest grundläggande aspekterna av personlig och professionell tillväxt – målsättning och spårning. I både vårt personliga och professionella liv är det viktigt att sätta upp tydliga mål och följa våra framsteg mot dem för att uppnå framgång och uppfyllande. Så låt oss kavla upp ärmarna och utforska detaljerna i målsättning och spårning, från varför det är viktigt till hur man gör det effektivt.

Först till kvarn, låt oss definiera våra termer. Målsättning är processen att definiera specifika, mätbara, uppnåbara, relevanta och tidsbundna mål som vi vill uppnå. Oavsett om det handlar om att avancera i våra karriärer, förbättra vår hälsa och kondition eller lära oss nya färdigheter, ger tydliga mål oss riktning och syfte och motiverar oss att vidta åtgärder. Men målsättning handlar inte bara om att drömma stort – det handlar också om att bryta ner våra mål i mindre, mer hanterbara uppgifter och milstolpar, och skapa en plan för att uppnå dem.

Så varför är målsättning och uppföljning så viktigt? Tja, för det första är det viktigt för klarhet och fokus. I dagens snabba och distraherande värld är det lätt att bli överväldigad och tappa bort det som verkligen är viktigt för oss. Att sätta tydliga mål ger oss klarhet i vad vi vill uppnå och varför det är viktigt för oss, och hjälper oss att prioritera vår tid och energi därefter. Genom att fokusera på våra mål kan vi undvika att bli avstängda av distraktioner och hålla oss på rätt spår mot att uppnå våra mål.

Men målsättning och spårning är också viktigt för ansvarstagande och motivation. När vi sätter upp tydliga mål och spårar våra framsteg mot dem, håller vi oss själva ansvariga för att vidta åtgärder och göra framsteg mot våra mål. Genom att regelbundet se över våra mål och följa våra framsteg kan vi hålla oss motiverade och inspirerade att fortsätta driva framåt, även när vi står inför hinder eller motgångar. Och genom att fira våra framgångar och milstolpar längs vägen, kan vi förstärka våra framsteg och bygga fart för att nå våra mål.

Okej, så nu när vi har fastställt varför målsättning och spårning är viktigt, låt oss prata om hur man gör det effektivt. Effektiv målsättning börjar med tydlighet. Ta dig tid att reflektera över vad som verkligen är viktigt för dig och vad du vill uppnå i ditt personliga och professionella liv. Sätt upp mål som är specifika, mätbara, uppnåbara, relevanta och tidsbundna (SMART), och dela upp dem i mindre, mer hanterbara uppgifter och milstolpar.

När du har satt upp dina mål är det viktigt att skapa en plan för att uppnå dem. Identifiera de steg och åtgärder du behöver vidta för att komma närmare dina mål och skapa en tidslinje och ett schema för att slutföra dem. Se till att prioritera dina uppgifter och fokusera på de viktigaste och mest effektfulla åtgärderna först, och var beredd att justera din plan efter behov som svar på feedback och förändrade omständigheter.

Men målsättning och spårning handlar inte bara om planering – det handlar också om att vidta åtgärder. Var proaktiv när det gäller att vidta nödvändiga åtgärder för att uppnå dina mål, och var disciplinerad och konsekvent i dina ansträngningar. Håll dig fokuserad och engagerad i dina mål, och var villig att övervinna hinder och utmaningar på vägen. Och se till att följa dina framsteg regelbundet, för att säkerställa att du håller dig på rätt spår mot att uppnå dina mål och göra nödvändiga justeringar efter behov.

Naturligtvis är målsättning och uppföljning inte en engångsansträngning – det är en pågående process av reflektion, planering, handling och granskning. Se till att regelbundet granska dina mål och framsteg, och fira dina framgångar och milstolpar på vägen. Använd verktyg och tekniker som journalföring, målsättningsappar eller ansvarspartners för att hjälpa dig hålla dig på rätt spår och vara motiverad och vara villig att söka stöd och vägledning när det behövs.

Okej, låt oss prata om fördelarna med effektiv målsättning och uppföljning. När det görs effektivt kan målsättning och spårning leda till ett brett utbud av fördelar för både individer och organisationer. Det kan ge klarhet och fokus och hjälpa oss att prioritera vår tid och energi för att nå våra mål. Det kan hålla oss ansvariga för att vidta åtgärder och göra framsteg mot våra mål, även när vi står inför hinder eller motgångar. Och det kan motivera och inspirera oss att fortsätta driva framåt, även när det blir tufft.

Självklart kräver effektiv målsättning och uppföljning disciplin, engagemang och uthållighet. Men med rätt inställning och tänkesätt kan vi uppnå anmärkningsvärda resultat och frigöra vår fulla potential. Så låt oss kavla upp ärmarna, börja arbeta och anamma målsättning och spårning som ett kraftfullt verktyg för personlig och professionell tillväxt och framgång. Framtiden är vår att skapa.

Strategisk planering: Kartlägga kursen för framgång med vision och syfte

Okej, låt oss fördjupa oss i en av de mest kritiska aspekterna av organisatorisk framgång – strategisk planering. I dagens dynamiska och konkurrenskraftiga affärslandskap måste organisationer ha en tydlig vision, syfte och plan för att navigera i marknadens komplexitet och uppnå sina långsiktiga mål. Så låt oss kavla upp ärmarna och utforska detaljerna i strategisk planering, från varför det är viktigt till hur man gör det effektivt.

Först till kvarn, låt oss definiera våra termer. Strategisk planering är processen att definiera en organisations långsiktiga vision, uppdrag och mål, och utveckla en omfattande plan för att uppnå dem. Det handlar om att analysera den interna och externa miljön, identifiera möjligheter och hot samt att sätta upp tydliga mål och prioriteringar för organisationen. Men strategisk planering handlar inte bara om att sätta upp mål – det handlar också om att skapa en färdplan och handlingsplan för att vägleda organisationen mot dess önskade framtida tillstånd.

Så varför är strategisk planering så viktig? Tja, för det första ger det riktning och syfte. I dagens snabba och komplexa affärsmiljö måste organisationer ha en tydlig känsla för riktning och syfte för att navigera i de osäkerheter och utmaningar de står inför. Strategisk planering gör det möjligt för organisationer att definiera sin långsiktiga vision och mål och skapa en färdplan som vägleder deras beslut och handlingar. Genom att samordna alla i organisationen kring en gemensam vision och syfte hjälper strategisk planering till att skapa tydlighet, fokus och likriktning och säkerställer att alla arbetar mot samma mål.

Men strategisk planering är också viktig för att driva organisationens prestation och framgång. Genom att sätta tydliga mål och prioriteringar hjälper strategisk planering organisationer att allokera sina resurser och investeringar mer effektivt och fokusera på aktiviteter och initiativ som kommer att ha störst inverkan på deras långsiktiga framgång. Det hjälper organisationer att förutse och reagera på förändringar på marknaden och dra nytta av möjligheter till tillväxt och innovation. Och det tillhandahåller ett ramverk för att utvärdera prestanda och framsteg, och göra justeringar och förfining vid behov för att hålla sig på rätt spår mot att uppnå sina mål.

Okej, så nu när vi har fastställt varför strategisk planering är viktig, låt oss prata om hur man gör det effektivt. Effektiv strategisk planering börjar med en tydlig förståelse av organisationens vision, mission och värderingar. Ta dig tid att reflektera över vad din organisation står för, vad du strävar efter att uppnå och hur du vill göra skillnad i världen. Definiera din långsiktiga vision och mål och formulera ett övertygande uppdragsförklaring som fångar essensen av vad din organisation handlar om.

När du har definierat din vision och mission är det dags att genomföra en strategisk analys av den interna och externa miljön. Utvärdera din organisations styrkor, svagheter, möjligheter och hot, och identifiera nyckeltrender, drivkrafter och faktorer som formar marknaden och branschen. Tänk på dina kunders behov och preferenser, dina konkurrenters handlingar och strategier och de bredare ekonomiska, politiska och sociala krafterna som spelar. Genom att förstå krafterna som verkar i din miljö kan du bättre förutse och reagera på förändringar och möjligheter och positionera din organisation för framgång.

När du har genomfört din strategiska analys är det dags att sätta upp tydliga mål och prioriteringar för din organisation. Definiera specifika, mätbara, uppnåbara, relevanta och tidsbundna (SMART) mål som hjälper dig att uppnå din långsiktiga vision och mission. Prioritera dina mål baserat på deras strategiska betydelse och potentiella inverkan, och skapa en färdplan och handlingsplan som vägleder dina ansträngningar. Se till att involvera nyckelintressenter i planeringsprocessen och kommunicera öppet och transparent om dina mål och prioriteringar, och skälen bakom dem.

Naturligtvis handlar strategisk planering inte bara om att sätta upp mål – det handlar också om utförande. Var proaktiv när det gäller att implementera din strategiska plan och allokera dina resurser och investeringar strategiskt för att stödja dina mål och prioriteringar. Övervaka dina framsteg och prestanda regelbundet, och var beredd att göra justeringar och finjusteringar efter behov för att hålla dig på rätt spår mot att uppnå dina mål. Och se till att fira framgångar och milstolpar längs vägen, för att erkänna och belöna det hårda arbetet och bidragen från alla inblandade.

Okej, låt oss prata om fördelarna med effektiv strategisk planering. När den görs effektivt kan strategisk planering leda till ett brett utbud av fördelar för både organisationer och individer. Det ger riktning och syfte, hjälper organisationer att navigera i marknadens komplexitet och uppnå sina långsiktiga mål. Det driver organisationens prestation och framgång, genom att anpassa alla runt en gemensam vision och syfte, och fokusera resurser och ansträngningar på aktiviteter och initiativ som kommer att ha störst effekt. Och det främjar en kultur av innovation och lärande, genom att uppmuntra organisationer att förutse och reagera på förändringar på marknaden, och dra nytta av möjligheter till tillväxt och förbättringar.

Naturligtvis kräver effektiv strategisk planering ledarskap, engagemang och samarbete på alla nivåer i en organisation. Men med rätt tillvägagångssätt och tänkesätt kan organisationer lägga ut en kurs för framgång och uppnå anmärkningsvärda resultat. Så låt oss kavla upp ärmarna, börja arbeta och anamma strategisk planering som ett kraftfullt verktyg för att uppnå våra långsiktiga mål och göra en positiv inverkan i världen. Framtiden är vår att skapa.

Beslutsfattande: Navigera i komplexitet med tydlighet och självförtroende

Okej, låt oss fördjupa oss i en av de mest kritiska aspekterna av ledarskap och organisatorisk framgång – beslutsfattande. I både vårt personliga och professionella liv är förmågan att fatta sunda beslut avgörande för att uppnå våra mål, lösa problem och navigera i livets komplexitet. Så låt oss kavla upp ärmarna och utforska alla detaljer i beslutsfattande, från varför det är viktigt till hur man gör det effektivt.

Först till kvarn, låt oss definiera våra termer. Beslutsfattande är processen att välja ett handlingssätt bland flera alternativ baserat på noggrann utvärdering och övervägande av relevant information, faktorer och konsekvenser. Oavsett om det handlar om att välja mellan olika karriärvägar, att besluta om ett större köp eller att fatta strategiska affärsbeslut, kräver ett effektivt beslutsfattande tydlighet, analys och omdöme. Men beslutsfattande handlar inte bara om att göra val – det handlar också om att hantera risker, osäkerheter och avvägningar och att ta ansvar för resultatet av våra beslut.

Så varför är beslutsfattande så viktigt? Tja, för det första är det viktigt för problemlösning och för att nå våra mål. I dagens komplexa och snabba värld står vi ständigt inför en mängd val och utmaningar, från vardagliga beslut som vad vi ska äta till lunch till mer komplexa beslut som vilket jobberbjudande vi ska acceptera eller vilken affärsstrategi vi ska följa. Effektivt beslutsfattande gör det möjligt för oss att väga våra alternativ, utvärdera för- och nackdelar och välja det bästa tillvägagångssättet för att uppnå våra mål.

Men beslutsfattande är också viktigt för ledarskap och organisatorisk framgång. Ledare uppmanas ofta att fatta svåra beslut som påverkar deras team, organisationer och intressenter. Oavsett om det handlar om att besluta om en ny produktlansering, allokera resurser eller hantera en kris, är effektivt beslutsfattande avgörande för att leda med tydlighet, självförtroende och integritet. Genom att fatta välgrundade, genomtänkta beslut kan ledare inspirera till förtroende och förtroende bland sina team och intressenter, och driva organisationens prestation och framgång.

Okej, så nu när vi har fastställt varför beslutsfattande är viktigt, låt oss prata om hur man gör det effektivt. Effektivt beslutsfattande börjar med tydlighet. Ta dig tid att definiera dina mål och prioriteringar och förtydliga vad du försöker uppnå med ditt beslut. Överväg de tillgängliga alternativen och deras potentiella resultat, och identifiera de kriterier och faktorer som är viktigast för dig. Genom att tydligt definiera dina mål och kriterier kan du fokusera din uppmärksamhet och ansträngningar på att utvärdera de alternativ som är mest relevanta och meningsfulla för dig.

När du har klargjort dina mål och kriterier är det dags att samla in och analysera relevant information. Ta dig tid att undersöka och samla in data och överväga perspektiv och åsikter från andra som kan påverkas av ditt beslut. Använd verktyg och tekniker som SWOT-analys, kostnads-nyttoanalys eller beslutsträd för att utvärdera för- och nackdelar med varje alternativ och bedöma deras potentiella risker och osäkerheter. Genom att ta ett systematiskt och analytiskt förhållningssätt till beslutsfattande kan du göra mer informerade och rationella val som är grundade i bevis och logik.

Men beslutsfattande handlar inte bara om analys – det handlar också om bedömning. Lita på dina instinkter och intuition, och var villig att lyssna på dina magkänslor och känslor. Även om det är viktigt att ta hänsyn till fakta och bevis, kan vår intuition ibland ge värdefulla insikter och vägledning som inte kan fångas enbart av data. Var öppen för att utforska olika perspektiv och synpunkter, och sök olika åsikter och feedback för att informera ditt beslut. Och var villig att göra svåra val och avvägningar, även om de inte är lätta eller populära, och ta ansvar för resultatet av dina beslut.

Naturligtvis är beslutsfattande inte en engångshändelse – det är en pågående process av lärande och anpassning. Var beredd att övervaka och utvärdera resultatet av dina beslut, och var villig att justera och förfina ditt tillvägagångssätt efter behov baserat på feedback och erfarenhet. Lär dig av dina framgångar och misslyckanden och använd dem som möjligheter till tillväxt och förbättring. Och se till att fira framgångar och milstolpar längs vägen, för att erkänna och belöna det hårda arbetet och bidragen från alla inblandade.

Okej, låt oss prata om fördelarna med effektivt beslutsfattande. När det görs effektivt kan beslutsfattande leda till en mängd fördelar för både individer och organisationer. Det kan hjälpa oss att uppnå våra mål, lösa problem och navigera i livets komplexitet med klarhet och självförtroende. Det kan driva ledarskap och organisatorisk framgång, genom att inspirera till förtroende och förtroende bland team och intressenter, och driva på prestanda och innovation. Och det kan i slutändan leda till större tillfredsställelse, tillfredsställelse och framgång i både vårt personliga och professionella liv.

Effektivt beslutsfattande kräver naturligtvis övning, tålamod och uthållighet. Men med rätt tillvägagångssätt och tänkesätt kan vi bli mer skickliga och självsäkra beslutsfattare, kapabla att navigera i livets komplexitet med tydlighet och självförtroende. Så låt oss kavla upp ärmarna, börja arbeta och anamma beslutsfattande som ett kraftfullt verktyg för att uppnå våra mål och göra en positiv inverkan i världen. Framtiden är vår att skapa.

Innovation och kreativitet: Släpp loss kraften i fantasi och uppfinningsrikedom

Okej, låt oss ge oss ut på en resa till en av de mest transformerande krafterna i världen – innovation och kreativitet. I både vårt personliga och professionella liv driver innovation och kreativitet framsteg, väcker nya idéer och inspirerar till banbrytande lösningar på några av de mest pressande utmaningarna vi står inför. Så låt oss kavla upp ärmarna och utforska in- och utsidan av innovation och kreativitet, från varför de är viktiga till hur man odlar dem effektivt.

Först till kvarn, låt oss definiera våra termer. Innovation är processen att utveckla nya idéer, produkter, tjänster eller processer som skapar värde och möter ouppfyllda behov på marknaden. Det handlar om att tänka annorlunda, utmana status quo och tänja på gränserna för vad som är möjligt. Kreativitet, å andra sidan, är förmågan att generera nya och användbara idéer, insikter och lösningar som är originella och fantasifulla. Det handlar om att utnyttja vår medfödda nyfikenhet, fantasi och intuition och utnyttja dem för att lösa problem och skapa något nytt.

Så varför är innovation och kreativitet så viktigt? Tja, dels är de viktiga för att driva framsteg och tillväxt. I dagens snabba och dynamiska värld måste organisationer ständigt förnya och anpassa sig för att ligga steget före och förbli konkurrenskraftiga. Innovation och kreativitet främjar ekonomisk tillväxt, driver tekniska framsteg och förbättrar vår livskvalitet genom att lösa problem, skapa jobb och främja entreprenörskap. Genom att främja en kultur av innovation och kreativitet kan organisationer låsa upp nya möjligheter, driva hållbar tillväxt och göra en positiv inverkan i världen.

Men innovation och kreativitet är också viktigt för personlig och professionell förverkligande. De tillåter oss att uttrycka oss själva, utforska nya idéer och pressa oss bortom våra komfortzoner. De inspirerar oss att drömma stort, ta risker och omfamna misslyckande som en naturlig del av inlärningsprocessen. Genom att odla vår kreativitet och omfamna innovation kan vi utnyttja vår fulla potential, finna mening och syfte med vårt arbete och göra skillnad i andras liv.

Okej, så nu när vi har fastställt varför innovation och kreativitet är viktigt, låt oss prata om hur man odlar dem effektivt. Effektiv innovation och kreativitet börjar med att främja en kultur som värdesätter och stödjer experiment, utforskning och samarbete. Skapa en miljö där alla känner sig bemyndigade att dela sina idéer, ta risker och utmana status quo. Uppmuntra tvärfunktionellt samarbete och mångfald av tankar, och tillhandahåll de resurser, stöd och incitament som krävs för att förverkliga idéer.

När du väl har fostrat en kultur av innovation och kreativitet är det viktigt att tillhandahålla rätt verktyg och processer för att stödja dem. Skapa utrymmen och möjligheter för brainstorming, idéer och experiment, och ge tillgång till resurser och expertis som kan hjälpa till att förverkliga idéer. Uppmuntra anställda att fullfölja sina passioner och intressen och ge dem autonomi och flexibilitet att utforska nya idéer och tillvägagångssätt. Och se till att fira och erkänna bidragen från dem som tar risker och tänjer på gränserna för vad som är möjligt.

Men innovation och kreativitet handlar inte bara om att komma på nya idéer – det handlar också om att omsätta dessa idéer till handling. Uppmuntra en partiskhet mot handling och experiment, och skapa en kultur som omfattar misslyckande som en naturlig del av innovationsprocessen. Uppmuntra anställda att testa sina idéer snabbt och billigt och att lära av deras framgångar och misslyckanden på vägen. Och se till att ge det stöd och de resurser som krävs för att hjälpa idéer att lyckas, oavsett om det gäller finansiering, expertis eller tillgång till nätverk och partnerskap.

Självklart kräver innovation och kreativitet ledarskap, engagemang och uthållighet. Men med rätt tillvägagångssätt och tänkesätt kan organisationer frigöra sin personals fulla potential och uppnå anmärkningsvärda resultat. Så låt oss kavla upp ärmarna, börja jobba och anamma innovation och kreativitet som kraftfulla krafter för att driva framsteg, tillväxt och positiv förändring i världen. Framtiden är vår att skapa.

Nätverk: Bygga förbindelser för framgång och tillväxt

Okej, låt oss dyka in i en av de viktigaste färdigheterna för personlig och professionell framgång – nätverkande. I dagens sammanlänkade värld är det avgörande att bygga och vårda relationer med andra för att avancera våra karriärer, uppnå våra mål och låsa upp nya möjligheter. Så låt oss kavla upp ärmarna och utforska alla detaljer med nätverkande, från varför det är viktigt till hur man gör det effektivt.

Först till kvarn, låt oss definiera våra termer. Nätverk är processen att odla relationer med andra individer eller grupper i syfte att dela information, resurser och möjligheter. Det innebär att bygga och underhålla ett nätverk av kontakter som kan ge stöd, råd och remisser, och som kan hjälpa oss att navigera i komplexiteten i vårt personliga och professionella liv. Men nätverk handlar inte bara om att skapa kontakter – det handlar också om att bygga förtroende, relationer och ömsesidig nytta, och att odla relationer som är meningsfulla och varaktiga.

Så varför är nätverkande så viktigt? Tja, för det första är det viktigt för karriärutveckling och professionell utveckling. På dagens konkurrensutsatta arbetsmarknad kan ett starkt kontaktnät ge oss en konkurrensfördel när det gäller att hitta jobbmöjligheter, säkra remisser och avancera våra karriärer. Nätverk tillåter oss att utnyttja den dolda arbetsmarknaden, där många lediga jobb fylls genom remisser och mun-till-mun, snarare än genom traditionella jobbannonser. Genom att bygga och vårda relationer med andra inom vår bransch eller område kan vi öka vår synlighet, utöka våra kunskaper och färdigheter och positionera oss för framgång.

Men nätverkande är också viktigt för personlig tillväxt och tillfredsställelse. Att bygga relationer med andra gör att vi kan lära av deras erfarenheter, perspektiv och insikter och att få nya idéer, perspektiv och möjligheter till tillväxt. Nätverk ger ett stödsystem av likasinnade individer som kan erbjuda uppmuntran, råd och feedback, och som kan hjälpa oss att navigera i livets utmaningar och osäkerheter. Genom att omge oss med ett mångsidigt och stödjande nätverk av kontakter kan vi vidga våra vyer, vidga våra perspektiv och berika våra liv på meningsfulla och givande sätt.

Okej, så nu när vi har fastställt varför nätverk är viktigt, låt oss prata om hur man gör det effektivt. Effektivt nätverkande börjar med autenticitet och genuint intresse för andra. Se till att nätverka som en möjlighet att bygga meningsfulla och autentiska relationer med andra, snarare än som ett transaktionsutbyte av tjänster eller möjligheter. Ta dig tid att lära känna människor på en personlig nivå och visa genuint intresse för deras intressen, passioner och mål. Genom att bygga förtroende och relation med andra kan du skapa en stark grund för en varaktig och ömsesidigt fördelaktig relation.

När du väl har etablerat en kontakt med någon är det viktigt att vårda och underhålla den relationen över tid. Håll kontakten med dina kontakter regelbundet, oavsett om det är via e-post, telefonsamtal, sociala medier eller personliga möten. Dela uppdateringar om ditt liv och karriär och visa genuint intresse för deras framgångar, utmaningar och ambitioner. Var proaktiv med att erbjuda stöd, råd och remisser när du kan, och var villig att be om hjälp eller stöd när du behöver det. Genom att investera tid och kraft i att vårda dina relationer kan du bygga ett starkt och stödjande nätverk som finns där för dig när du behöver det som mest.

Men nätverk handlar inte bara om att bygga relationer – det handlar också om att ge tillbaka till ditt nätverk och bidra med värde i gengäld. Leta efter möjligheter att stödja och lyfta andra i ditt nätverk, oavsett om det är genom att erbjuda råd, göra introduktioner eller ge möjligheter till samarbete. Var generös med din tid, expertis och resurser, och var villig att betala framåt när du kan. Genom att bidra med värde till ditt nätverk kan du stärka dina relationer, bygga upp förtroende och goodwill och skapa ett nätverk som är ömsesidigt stödjande och fördelaktigt för alla inblandade.

Naturligtvis kräver effektivt nätverkande tålamod, uthållighet och motståndskraft. Att bygga meningsfulla relationer tar tid och ansträngning, och inte varje anslutning kommer att leda till omedelbara resultat. Men med rätt inställning och tänkesätt kan nätverk vara ett kraftfullt verktyg för att avancera våra karriärer, uppnå våra mål och berika våra liv. Så låt oss kavla upp ärmarna, gå ut och börja bygga våra nätverk. Framtiden är vår att skapa, och våra nätverk är våra allierade för att uppnå våra drömmar.

Intressenthantering: Bygga relationer för framgång och hållbarhet

Okej, låt oss fördjupa oss i en av de mest avgörande aspekterna av projektledning och organisatorisk framgång – hantering av intressenter. I alla projekt eller initiativ finns det olika individer, grupper eller organisationer som har ett intresse eller en andel i resultaten. Att hantera dessa intressenter effektivt är avgörande för att få deras stöd, navigera i utmaningar och nå framgång. Så låt oss kavla upp ärmarna och utforska ins och outs med intressenthantering, från varför det är viktigt till hur man gör det effektivt.

Först till kvarn, låt oss definiera våra termer. Intressenthantering är processen att identifiera, engagera och kommunicera med individer, grupper eller organisationer som har ett intresse eller en andel i ett projekt eller initiativ. Det innebär att förstå deras behov, förväntningar och bekymmer och arbeta proaktivt för att ta itu med dem under hela projektets livscykel. Men hantering av intressenter handlar inte bara om att hantera relationer – det handlar också om att bygga förtroende, samarbete och ömsesidig nytta, och att skapa ett win-win-resultat för alla inblandade parter.

Så varför är intressenthantering så viktig? Tja, för det första är det viktigt för att projektet ska lyckas. I alla projekt eller initiativ kan intressenter ha en betydande inverkan på dess resultat, oavsett om det är genom deras stöd, motstånd, resurser eller inflytande. Genom att engagera intressenter tidigt och ofta, och involvera dem i viktiga beslut och diskussioner, kan projektledare få deras stöd och inköp och öka sannolikheten för framgång. Intressenthantering hjälper också till att identifiera potentiella risker och problem tidigt, vilket gör det möjligt för projektledare att ta itu med dem proaktivt och mildra deras inverkan på projektet.

Men intressenthantering är också viktigt för organisatorisk framgång och hållbarhet. I dagens sammanlänkade och ömsesidigt beroende värld måste organisationer överväga behoven och intressena hos ett brett spektrum av intressenter, inklusive anställda, kunder, investerare, tillsynsmyndigheter och samhället. Genom att engagera sig med intressenter på ett meningsfullt och öppet sätt kan organisationer bygga förtroende, trovärdighet och goodwill och skapa ett positivt rykte och varumärkesimage. Intressenthantering hjälper också organisationer att förutse och reagera på nya trender och problem, och anpassa sina strategier och metoder för att ligga steget före.

Okej, så nu när vi har fastställt varför intressenthantering är viktigt, låt oss prata om hur man gör det effektivt. Effektiv hantering av intressenter börjar med att identifiera och förstå dina intressenter. Ta dig tid att kartlägga alla individer, grupper eller organisationer som har ett intresse eller en andel i ditt projekt eller initiativ, och analysera deras behov, förväntningar och farhågor. Tänk på deras nivå av inflytande, makt och intresse för projektet och prioritera dina ansträngningar därefter.

När du väl har identifierat dina intressenter är det viktigt att interagera med dem tidigt och ofta. Kommunicera öppet och transparent om ditt projekt eller initiativ och involvera intressenter i viktiga beslut och diskussioner som påverkar dem. Lyssna aktivt på deras feedback och bekymmer och var lyhörd för deras behov och intressen. Genom att involvera intressenter i processen kan du få deras stöd och engagemang och öka sannolikheten för framgång.

Men hantering av intressenter handlar inte bara om kommunikation – det handlar också om att bygga relationer. Ta dig tid att bygga upp förtroende och rapport med dina intressenter, och investera i att upprätthålla positiva och konstruktiva relationer med dem över tid. Var proaktiv när det gäller att hålla intressenter informerade om projektets framsteg och var transparent om alla utmaningar eller problem som uppstår. Och se till att erkänna och erkänna bidragen från dina intressenter, och fira framgångar och milstolpar längs vägen.

Naturligtvis kräver hantering av intressenter ledarskap, empati och motståndskraft. Att bygga och upprätthålla positiva relationer med intressenter kan vara utmanande, särskilt när det finns konkurrerande intressen eller prioriteringar på spel. Men med rätt tillvägagångssätt och tänkesätt kan intressenthantering vara ett kraftfullt verktyg för att uppnå projektframgång och organisatorisk hållbarhet. Så låt oss kavla upp ärmarna, börja arbeta och anamma intressenthantering som en nyckelfaktor för framgång och genomslag. Framtiden är vår att skapa, och våra intressenter är våra partners för att nå våra mål.

Tvärfunktionellt samarbete: Främja enhet för kollektiv framgång

Okej, låt oss fördjupa oss i en av de mest kritiska aspekterna av organisatorisk effektivitet – tvärfunktionellt samarbete. I dagens sammanlänkade och komplexa affärsmiljö är förmågan att arbeta effektivt över funktioner och avdelningar avgörande för att driva innovation, uppnå strategiska mål och leverera värde till kunderna. Så låt oss kavla upp ärmarna och utforska detaljerna i tvärfunktionellt samarbete, från varför det är viktigt till hur man gör det effektivt.

Först till kvarn, låt oss definiera våra termer. Tvärfunktionellt samarbete är processen att föra samman individer eller team från olika funktioner eller avdelningar inom en organisation för att arbeta mot ett gemensamt mål eller mål. Det handlar om att bryta ner silos, främja kommunikation och samarbete och utnyttja teammedlemmarnas olika perspektiv, färdigheter och expertis för att lösa problem, fatta beslut och uppnå resultat. Men tvärfunktionellt samarbete handlar inte bara om att arbeta tillsammans – det handlar också om att bygga förtroende, respekt och enighet och att skapa en kultur av lagarbete och ömsesidigt stöd.

Så varför är tvärfunktionellt samarbete så viktigt? Tja, för det första är det viktigt för att driva innovation och kreativitet. I dagens snabbt föränderliga och konkurrensutsatta affärsmiljö är innovation ofta nyckeln till framgång. Genom att sammanföra individer med olika bakgrunder, erfarenheter och perspektiv, tillåter tvärfunktionellt samarbete organisationer att utnyttja ett brett utbud av idéer, insikter och expertis och att skapa innovativa lösningar på komplexa problem. Samarbete främjar kreativitet, väcker nya idéer och uppmuntrar experiment och risktagande, vilket leder till banbrytande innovationer som driver tillväxt och konkurrenskraft.

Men tvärfunktionellt samarbete är också viktigt för att uppnå strategiska mål och leverera värde till kunderna. Många av dagens mest angelägna utmaningar och möjligheter är komplexa och mångfacetterade, och kräver input och expertis från flera funktioner eller avdelningar inom en organisation. Genom att arbeta tillsammans över funktioner kan organisationer anpassa sina ansträngningar och resurser mot gemensamma mål och mål och uppnå resultat som är större än summan av deras delar. Samarbete gör det möjligt för organisationer att dra nytta av sina samlade styrkor, resurser och förmågor och att leverera sömlösa och integrerade lösningar som möter deras kunders behov och förväntningar.

Okej, så nu när vi har fastställt varför tvärfunktionellt samarbete är viktigt, låt oss prata om hur man gör det effektivt. Effektivt tvärfunktionellt samarbete börjar med ledarskap och engagemang från ledningen. Ledare måste sätta tonen och förväntningarna på samarbete och skapa en kultur som värderar och belönar lagarbete, kommunikation och samarbete. De ska bryta ner silos och barriärer som förhindrar samarbete, och skapa strukturer och processer som underlättar tvärfunktionell kommunikation och samordning.

När grunden för samarbete är på plats är det viktigt att fastställa tydliga mål, roller och ansvar för tvärfunktionella team. Definiera målen och omfattningen av samarbetet, och klargör roller och ansvar för teammedlemmar från olika funktioner eller avdelningar. Sätt tydliga förväntningar på kommunikation, beslutsfattande och ansvarsskyldighet, och upprätta regelbundna incheckningar och uppdateringar för att övervaka framstegen och ta itu med eventuella problem eller problem som uppstår.

Men ett effektivt tvärfunktionellt samarbete kräver också effektiv kommunikation och relationsskapande färdigheter. Uppmuntra öppen och transparent kommunikation mellan teammedlemmar och skapa möjligheter för att dela idéer, feedback och bästa praxis. Främja en kultur av tillit, respekt och ömsesidigt stöd, där teammedlemmar känner sig bekväma med att uttrycka sina åsikter och utmana status quo. Och var proaktiv när det gäller att lösa konflikter eller missförstånd som kan uppstå, och fokusera på att hitta win-win-lösningar som tillgodoser behoven och intressen hos alla inblandade parter.

Tvärfunktionellt samarbete kräver naturligtvis tålamod, uthållighet och motståndskraft. Att bygga och upprätthålla effektiva samarbeten kan vara utmanande, särskilt när det finns konkurrerande prioriteringar eller intressen på spel. Men med rätt tillvägagångssätt och tänkesätt kan organisationer utnyttja kraften i tvärfunktionellt samarbete för att driva innovation, uppnå strategiska mål och leverera värde till kunderna. Så låt oss kavla upp ärmarna, börja arbeta och anamma tvärfunktionellt samarbete som en nyckelfaktor för organisatorisk framgång och påverkan. Framtiden är vår att skapa, och tillsammans kan vi uppnå anmärkningsvärda resultat.

Kontinuerligt lärande: Omfamna tillväxt för personlig och professionell utveckling

Okej, låt oss ge oss ut på en resa till en av de mest transformerande metoderna för personlig och professionell tillväxt – kontinuerligt lärande. I dagens snabbt utvecklande värld är förmågan att anpassa sig, lära sig och växa avgörande för att förbli relevant, nå framgång och leva ett tillfredsställande liv. Så låt oss kavla upp ärmarna och utforska detaljerna i kontinuerligt lärande, från varför det är viktigt till hur man odlar det effektivt.

Först till kvarn, låt oss definiera våra termer. Kontinuerligt lärande är övningen att aktivt söka efter nya kunskaper, färdigheter och erfarenheter på en kontinuerlig basis, i syfte att förbättra oss själva, avancera våra karriärer och uppnå våra mål. Det innebär ett tänkesätt av nyfikenhet, öppenhet och vilja att lära, och ett engagemang för livslång utveckling och förbättring. Men kontinuerligt lärande handlar inte bara om att skaffa kunskap – det handlar också om att tillämpa det vi lär oss, reflektera över våra erfarenheter och integrera nya insikter och perspektiv i våra liv.

Så varför är kontinuerligt lärande så viktigt? Tja, för det första är det viktigt för att förbli relevant och konkurrenskraftig i dagens snabba och ständigt föränderliga värld. Förändringstakten i vårt samhälle accelererar, drivet av framsteg inom teknik, globalisering och förändrad social och ekonomisk dynamik. För att hänga med i dessa förändringar och trivas i våra karriärer och liv måste vi vara villiga att anpassa oss och lära oss kontinuerligt. Kontinuerligt lärande gör att vi kan ligga steget före, förutse nya trender och möjligheter och positionera oss för framgång i ett snabbt föränderligt landskap.

Men kontinuerligt lärande är också viktigt för personlig utveckling och förverkligande. Att lära sig nya saker vidgar våra vyer, vidgar våra perspektiv och berikar våra liv på meningsfulla och givande sätt. Det tillåter oss att utforska våra intressen, passioner och talanger och att sträva efter nya möjligheter och upplevelser som ger oss glädje och tillfredsställelse. Kontinuerligt lärande främjar ett tillväxttänkande, motståndskraft och självförtroende och ger oss möjlighet att övervinna utmaningar och hinder med mod och beslutsamhet.

Okej, så nu när vi har fastställt varför kontinuerligt lärande är viktigt, låt oss prata om hur man odlar det effektivt. Effektivt kontinuerligt lärande börjar med ett tänkesätt av nyfikenhet och öppenhet för nya upplevelser. Närma dig lärande som en resa av utforskande och upptäckt, snarare än ett mål eller ett slutmål. Odla en känsla av förundran och vördnad över världen omkring dig, och var villig att kliva utanför din komfortzon och prova nya saker. Omfamna misslyckande som en naturlig del av inlärningsprocessen och se det som en möjlighet till tillväxt och förbättring.

När du väl har anammat ett tankesätt av kontinuerligt lärande är det viktigt att skapa en plan och struktur för din läranderesa. Sätt tydliga mål och mål för vad du vill lära dig och uppnå, och skapa en färdplan eller handlingsplan som vägleder dina ansträngningar. Dela upp dina mål i mindre, hanterbara steg och prioritera dina lärandeaktiviteter baserat på deras betydelse och relevans för dina mål. Var proaktiv när det gäller att söka efter lärandemöjligheter, oavsett om det är genom formell utbildning, onlinekurser, workshops eller självstyrda studier. Och se till att allokera tid och resurser för att stödja din inlärningsresa och göra den till en prioritet i ditt liv.

Men effektivt kontinuerligt lärande kräver också reflektion och integration av det vi lär oss i våra liv. Ta dig tid att reflektera över dina lärandeupplevelser och att integrera nya insikter och perspektiv i ditt tänkande och beteende. Leta efter möjligheter att tillämpa det du lär dig i ditt personliga och professionella liv, och att dela din kunskap och expertis med andra. Sök feedback och vägledning från mentorer, coacher eller kamrater och var öppen för att lära av deras erfarenheter och perspektiv.

Naturligtvis kräver kontinuerligt lärande engagemang, disciplin och motståndskraft. Att bygga upp en vana av livslångt lärande tar tid och ansträngning, och det kommer oundvikligen att finnas utmaningar och hinder på vägen. Men med rätt inställning och tänkesätt kan kontinuerligt lärande vara en givande och berikande upplevelse som förändrar våra liv på djupgående och meningsfulla sätt. Så låt oss kavla upp ärmarna, börja jobba och anamma kontinuerligt lärande som en livslång resa av tillväxt, upptäckt och självförbättring. Framtiden är vår att skapa, och kontinuerligt lärande är vår färdplan till framgång och uppfyllelse.

Balans mellan arbete och liv: Vårda harmoni i en upptagen värld

Okej, låt oss utforska en av de viktigaste aspekterna av det moderna livet – balans mellan arbete och privatliv. I dagens snabba och krävande värld är det viktigt att hitta en sund balans mellan vårt yrkesansvar och personliga sysselsättningar för vårt välbefinnande, tillfredsställelse och övergripande livskvalitet. Så låt oss kavla upp ärmarna och fördjupa oss i krångligheterna i balansen mellan arbete och privatliv, från varför det är avgörande till hur man odlar det effektivt.

Låt oss först och främst definiera våra termer. Balans mellan arbete och privatliv är den känsliga konsten att jonglera kraven från våra karriärer med önskan om personlig tillfredsställelse, hälsa och lycka. Det innebär att hantera vår tid, energi och prioriteringar på ett sätt som gör att vi kan utmärka oss i våra professionella ansträngningar samtidigt som vi vårdar våra relationer, fullföljer våra passioner och tar hand om vårt fysiska och mentala välbefinnande. Men balans mellan arbete och privatliv handlar inte bara om att dela upp vår tid – det handlar också om att sätta gränser, hantera förväntningar och hitta harmoni mellan vårt arbete och privatliv.

Så varför är balansen mellan arbete och privatliv så viktigt? Jo, för det första är det viktigt för vår hälsa och vårt välbefinnande. Forskning har visat att kronisk stress och överansträngning kan ta en betydande vägtull på vår fysiska och mentala hälsa, vilket leder till utbrändhet, utmattning och ökad risk för hälsoproblem som hjärtsjukdomar, depression och ångest. Genom att prioritera balansen mellan arbete och privatliv kan vi minska våra stressnivåer, ladda batterierna och förbättra vår allmänna hälsa och vårt välbefinnande.

Men balansen mellan arbete och privatliv är också avgörande för våra relationer och livskvalitet. Våra personliga relationer är grunden för vår lycka och tillfredsställelse, och ger oss kärlek, stöd och anslutning i våra liv. Att försumma våra relationer till förmån för arbete kan anstränga våra relationer och leda till känslor av ensamhet, isolering och ånger. Genom att prioritera kvalitetstid med våra nära och kära och vårda våra relationer kan vi skapa ett starkt stödsystem och en känsla av tillhörighet som uppehåller oss genom livets utmaningar och triumfer.

Okej, så nu när vi har fastställt varför balansen mellan arbete och privatliv är viktigt, låt oss prata om hur man odlar den effektivt. Effektiv balans mellan arbete och privatliv börjar med att sätta tydliga gränser och prioriteringar. Ta dig tid att identifiera vad som är viktigast för dig i både ditt arbete och privatliv, och etablera gränser som skyddar din tid, energi och ditt välbefinnande. Kommunicera dina gränser och prioriteringar till dina kollegor, kunder och nära och kära, och var villig att säga nej till åtaganden eller krav som inte stämmer överens med dina värderingar eller mål.

När du väl har fastställt dina gränser och prioriteringar är det viktigt att hantera din tid och din energi effektivt. Prioritera dina uppgifter och ansvar baserat på deras betydelse och brådskande, och fördela din tid och energi därefter. Schemalägg regelbundna pauser under dagen för att ladda och återställa, och var uppmärksam på ditt fysiska och mentala välbefinnande. Ta dig tid för egenvårdsaktiviteter som träning, meditation eller hobbyer som ger dig glädje och tillfredsställelse, och gör dem till en prioritet i din dagliga rutin.

Men en effektiv balans mellan arbete och privatliv kräver också flexibilitet och anpassningsförmåga. Livet är oförutsägbart, och det kommer oundvikligen att finnas tillfällen då arbetet kräver mer av vår tid och uppmärksamhet, eller när personliga åtaganden kräver att vi anpassar våra scheman. Var villig att vara flexibel och anpassa dig till förändrade omständigheter, och vara proaktiv med att hitta kreativa lösningar som gör att du kan uppfylla dina skyldigheter utan att offra ditt välbefinnande. Sök stöd från dina kollegor, vänner eller familjemedlemmar när det behövs, och var villig att delegera uppgifter eller be om hjälp när du känner dig överväldigad.

Att odla balans mellan arbete och privatliv är naturligtvis en pågående process som kräver uppmärksamhet, självmedvetenhet och engagemang. Det är inte alltid lätt, och det kommer att finnas tillfällen då vi kämpar för att hitta rätt balans. Men med övning och uthållighet kan vi skapa ett liv som är tillfredsställande, meningsfullt och hållbart – ett liv där arbete och personliga sysselsättningar samsas harmoniskt och där vi trivs både professionellt och personligt. Så låt oss kavla upp ärmarna, börja jobba och anamma resan mot balans mellan arbete och privatliv som en väg till större lycka, tillfredsställelse och välbefinnande. Framtiden är vår att skapa, och med balans i våra liv kan vi uppnå allt vi tänker på.

Att reflektera och förbättra: Vägen till personlig och professionell tillväxt

Okej, låt oss utforska den transformativa praktiken att reflektera och förbättra. I våra snabba liv är det viktigt att ta sig tid att pausa, reflektera och lära av våra erfarenheter för personlig och professionell tillväxt. Så låt oss kavla upp ärmarna och fördjupa oss i krångligheterna med att reflektera och förbättra, från varför det är avgörande till hur man odlar det effektivt.

Först till kvarn, låt oss definiera våra termer. Att reflektera är processen att se tillbaka på våra erfarenheter, tankar och handlingar med nyfikenhet och öppenhet. Det innebär att ta ett steg tillbaka från livets hektiska liv och att granska våra framgångar, utmaningar och lärdomar med ett kritiskt öga. Att förbättra, å andra sidan, är processen att använda våra reflektioner för att göra positiva förändringar i våra liv. Det innebär att identifiera områden för tillväxt och utveckling, och vidta medvetna åtgärder för att förbättra våra färdigheter, vanor och tänkesätt.

Så varför är det så viktigt att reflektera och förbättra? Tja, för det första är det viktigt för lärande och tillväxt. Våra erfarenheter, både positiva och negativa, innehåller värdefulla lärdomar och insikter som kan hjälpa oss att bli bättre versioner av oss själva. Genom att ta oss tid att reflektera över våra erfarenheter och utvinna visdomen de innehåller, kan vi få en djupare förståelse för oss själva, våra styrkor och svagheter och världen omkring oss. Att reflektera låter oss lära av våra misstag, fira våra framgångar och fatta välgrundade beslut som är i linje med våra värderingar och mål.

Men att reflektera och förbättra är också avgörande för personlig och professionell utveckling. I dagens snabba och komplexa värld är förmågan att anpassa sig, lära sig och växa avgörande för att förbli relevant och nå framgång. Genom att kontinuerligt reflektera över våra erfarenheter och söka möjligheter till förbättringar kan vi förbättra våra färdigheter, utöka vår kunskap och låsa upp nya möjligheter till framsteg och tillfredsställelse. Att reflektera och förbättra gör att vi kan bli mer motståndskraftiga, anpassningsbara och effektiva när det gäller att navigera i livets utmaningar och osäkerheter.

Okej, så nu när vi har fastställt varför det är viktigt att reflektera och förbättra, låt oss prata om hur man odlar det effektivt. Effektiv reflektion och förbättring börjar med att skapa tid och utrymme för självreflektion. Avsätt tid varje dag eller vecka för att pausa, lugna ditt sinne och reflektera över dina upplevelser. Du kan anteckna, meditera eller helt enkelt sitta tyst och begrunda dina tankar och känslor. Nyckeln är att skapa en vana av reflektion som gör att du kan ställa in din inre visdom och få klarhet och insikt i ditt liv.

När du väl har skapat tid för reflektion är det viktigt att ställa dig själv kraftfulla frågor som stimulerar djupt tänkande och självupptäckt. Ställ dig själv frågor som: Vad lärde jag mig av den här erfarenheten? Vad gick bra och vad kunde jag gjort annorlunda? Vilka är mina styrkor och områden för tillväxt? Vilka är mina mål och ambitioner, och vilka steg kan jag ta för att uppnå dem? Genom att ställa dig själv dessa undersökande frågor kan du avslöja värdefulla insikter och identifiera förbättringsområden som kan informera dina handlingar och beslut framåt.

Men att reflektera och förbättra handlar inte bara om introspektion – det handlar också om att agera. När du väl har identifierat områden för tillväxt och utveckling är det viktigt att vidta medvetna åtgärder för att göra positiva förändringar i ditt liv. Sätt upp specifika, mätbara och uppnåeliga mål för dig själv och skapa en handlingsplan för att uppnå dem. Dela upp dina mål i mindre, hanterbara steg och prioritera dina ansträngningar utifrån deras betydelse och brådska. Och se till att spåra dina framsteg och fira dina framgångar längs vägen, för att förbli motiverad och inspirerad att fortsätta växa och förbättras.

Naturligtvis är reflektion och förbättring en pågående process som kräver engagemang, disciplin och motståndskraft. Det är inte alltid lätt, och det kommer att finnas tillfällen då vi kämpar för att hitta motivationen eller klarheten att reflektera och vidta åtgärder. Men med övning och uthållighet kan vi odla en vana av kontinuerligt lärande och förbättringar som berikar våra liv och driver oss mot våra mål. Så låt oss kavla upp ärmarna, börja jobba och anamma resan att reflektera och förbättra som en väg till större självmedvetenhet, uppfyllelse och framgång. Framtiden är vår att skapa, och med reflektion och förbättring kan vi uppnå allt vi tänker på.

Slutsats

Sammanfattningsvis har resan genom guiden för nybörjare chefer varit berikande och upplysande. Vi har utforskat ett brett spektrum av ämnen, från grunderna för ledning till nyanserna av ledarskap, kommunikation och organisatorisk dynamik. Under den här resan har vi fått värdefulla insikter och praktiska strategier för att navigera i komplexiteten i chefsrollen och främja framgång i både våra professionella och personliga liv.

Vi började med att undersöka rollen som chef, förstå dess ansvar, utmaningar och möjligheter. Vi grävde sedan ner i viktiga färdigheter som kommunikation, delegering, tidshantering och beslutsfattande, och lärde oss hur man effektivt leder och inspirerar team att nå sina mål. Vi undersökte vikten av mångfald, inkludering och emotionell intelligens för att skapa en positiv och inkluderande arbetsmiljö, där varje individ känner sig värderad, respekterad och bemyndigad att bidra med sitt bästa.

Vi tog också upp kritiska ämnen som rekrytering, introduktion, prestationshantering och konfliktlösning, och fick värdefulla insikter om hur man kan attrahera, utveckla och behålla topptalanger, och hur man kan navigera utmaningar och konflikter med grymhet och professionalism. Vi undersökte vikten av kontinuerligt lärande, reflektion och förbättring, och insåg att tillväxt och utveckling är livslånga resor som kräver engagemang, nyfikenhet och motståndskraft.

Genom hela den här guiden har ett övergripande tema dykt upp: betydelsen av relationer. Oavsett om det handlar om att bygga förtroende och relationer med våra teammedlemmar, att samarbeta effektivt över funktioner eller att engagera sig med intressenter och kunder, så handlar framgång i förvaltningen i slutändan av kvaliteten på våra relationer. Genom att främja en kultur av tillit, respekt och samarbete, och genom att investera i vår personliga och professionella tillväxt, kan vi skapa en arbetsplats där alla trivs och lyckas.

När vi avslutar den här guiden, låt oss komma ihåg att ledningens resa inte bara handlar om att uppnå resultat – det handlar också om att göra en positiv inverkan på andras liv. Genom att leda med integritet, empati och målmedvetenhet, och genom att sträva efter att skapa en arbetsplats där alla känner sig värderade och stöttade, kan vi skapa en bättre värld för oss själva och kommande generationer.

Så låt oss ta lärdomarna från den här guiden och tillämpa dem i vårt dagliga liv, både professionellt och personligt. Låt oss sträva efter att vara den typen av ledare som inspirerar andra, odlar spetskompetens och gör skillnad i världen. Och låt oss aldrig glömma att den mest givande resan inte är den vi tar ensamma, utan den vi tar tillsammans, som ett team, förenade i vårt engagemang för excellens, tillväxt och framgång.

Tack för att du följde med mig på denna resa. Här är din framgång som chef, ledare och förändringsmakare. Framtiden är ljus, och med kunskapen och färdigheterna från den här guiden finns det ingen gräns för vad vi kan uppnå. Skål för nya början och spännande möjligheter!

www.ingramcontent.com/pod-product-compliance
Lightning Source LLC
Chambersburg PA
CBHW071215240526
45470CB00018B/1869